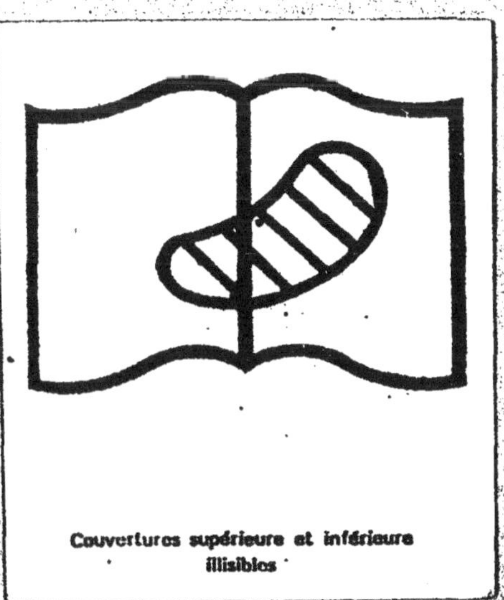

Couvertures supérieure et inférieure
illisibles

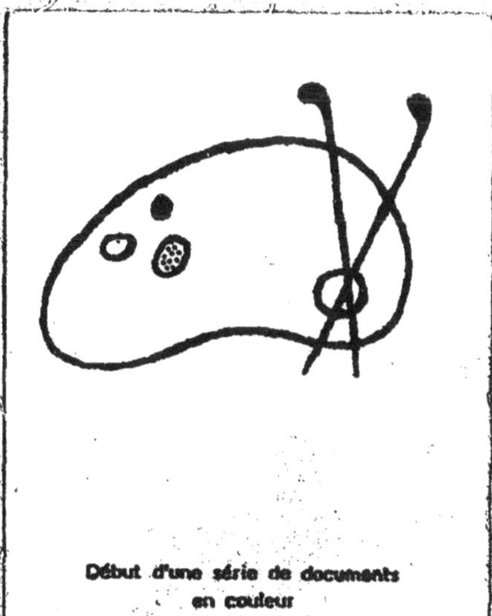

Début d'une série de documents
en couleur

LA

QUESTION SOCIALE

Principes les plus nécessaires et Réformes les plus urgentes

CONFÉRENCE

AUX FACULTÉS CATHOLIQUES DE LYON

SUIVIE

d'une Esquisse d'un programme électoral
et de l'Examen de quelques opinions économiques

PAR

l'Abbé Elie BLANC

CHANOINE HONORAIRE DE VALENCE

PROFESSEUR DE PHILOSOPHIE AUX FACULTÉS CATHOLIQUES DE LYON

PARIS	LYON
LECOFFRE	EMMANUEL VITTE
LIBRAIRE-ÉDITEUR	LIBRAIRE-ÉDITEUR
rue Bonaparte	3, place Bellecour

1891

Traité de philosophie scolastique précédé d'un vocabulaire de la philosophie scolastique et de la philosophie contemporaine. 3 forts vol. in-18, 1889. Ouvrage honoré d'un Bref de Sa Sainteté . . . . 10 fr. 50

Exposé de la Synthèse des Sciences. Brochure in-8 avec un tableau synoptique, 1877. La 2e édition corrigée et très développée est en préparation. Ce sujet si important, véritable inventaire social, sera traité spécialement au point de vue des rapports et de l'harmonie de toutes les connaissances et de toutes les professions.

Les Nouvelles Bases de la Morale, *d'après M. H. Spencer. Exposition et Réfutation.* Petit in-8, 1881. Prix . . . . 1 fr. 50

Le Dictionnaire logique de la langue française, *ou Classification naturelle et philosophique des mots, des idées et des choses.* Grand in-8, 1882 . . . . 12 fr. »

Une Leçon de philosophie tirée du langage, 1885. Prix . . . . 0 fr. 50

Un Spiritualisme sans Dieu, *Examen de la philosophie de M. Vacherot,* 1885 . . . . 2 fr. »

Théorie du libre arbitre, 1886 . . . . 1 fr. 50

Petit Dictionnaire logique, in-18 de 1100 p. 3 fr. »

De l'Hypnotisme 1887 : **L'Hypnotisme et l'Education,** 1889 brochures in-8.

EN PRÉPARATION
pour paraître à la fin de l'année

Histoire de la Philosophie et particulièrement de la Philosophie contemporaine. 2 vol.

Lyon. — Imp. Emmanuel VITTE, rue Condé, 30.

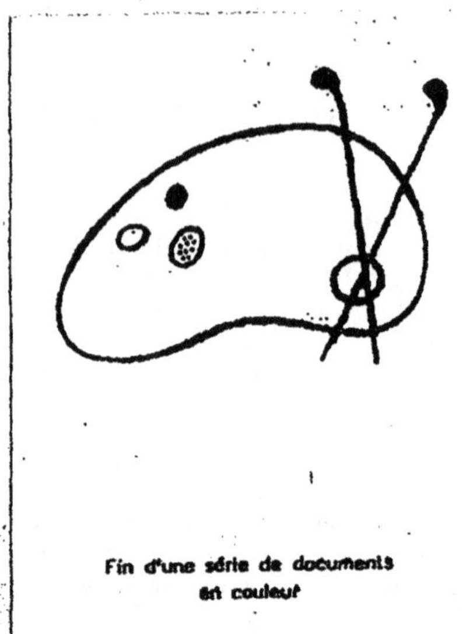

Fin d'une série de documents
en couleur

LA QUESTION SOCIALE

LYON. — IMP. E. VITTE, RUE GONDÉ, 30.

LA
QUESTION SOCIALE

Principes les plus nécessaires et Réformes les plus urgentes

CONFÉRENCE

AUX FACULTÉS CATHOLIQUES DE LYON

SUIVIE

d'une Esquisse d'un programme électoral

et de l'Examen de quelques opinions économiques

PAR

l'Abbé Elie BLANC

CHANOINE HONORAIRE DE VALENCE

PROFESSEUR DE PHILOSOPHIE AUX FACULTÉS CATHOLIQUES DE LYON

PARIS	LYON
Victor LECOFFRE	Emmanuel VITTE
LIBRAIRE-ÉDITEUR	LIBRAIRE-ÉDITEUR
90, rue Bonaparte	3, place Bellecour

1891

LA QUESTION SOCIALE[1]

PRÉLIMINAIRES

SOMMAIRE. — Gravité de la question sociale. — C'est avant tout une question de morale et de droit naturel. — Elle comprend la question économique. — Les lois économiques ont un caractère essentiellement moral. — La question sociale est surtout philosophique. — Division.

Il y a aujourd'hui une question grave qui préoccupe vivement tous les esprits réfléchis, aussi bien que les hommes d'Etat: c'est la question sociale, question de l'organisation même de la société et des rapports des classes, des patrons et des ouvriers, des capitalistes et des travailleurs, des riches et des pauvres. Toutes les autres questions font partie intégrante de celle-ci ou s'y rattachent nécessairement.

[1] Depuis que cette conférence a été donnée, aux Facultés catholiques de Lyon (le 8 mars), l'Encyclique *De Conditione opificum*, a été publiée. Elle a jeté, sur la question sociale, des lumières plus vives et des rayons plus ardents de charité, qui achèveront d'éclairer et d'unir en de communs efforts tous les catholiques de bonne volonté. Espérons qu'une plus grande unité de vues et un plus grand dévouement pour le peuple seront l'effet de cet écho dix-neuf fois séculaire du *Misereor super turbam*.

L'auteur de cette conférence s'efforcera toujours de se conformer à la lettre et à l'esprit de cet enseignement. Il ne le perd point de vue, alors même qu'il est forcé de quitter la région des principes pour en venir aux applications et entrer dans le domaine des opinions. Au reste, il déclare, avec autant d'amour que d'obéissance, qu'il corrigera toujours ses sentiments dans la mesure où la vérité religieuse et sociale lui serait mieux manifestée.

C'est ainsi que la question religieuse, qui n'en a jamais de supérieure, est trop bien liée à la question sociale pour qu'on puisse résoudre pleinement l'une sans l'autre. L'Evangile, qui est étranger par lui-même aux formes de gouvernement, ne l'est point à la question sociale. Pour en douter il faudrait oublier que l'Evangile a refait le monde, qu'il le soutient toujours, qu'il n'y a pas de progrès possible ni, à plus forte raison, de restauration sociale, dont la morale évangélique serait absente. Au-dessus donc de toutes les questions politiques qui divisent tant les esprits, il y a la question sociale : elle prime ou résume toutes les autres.

C'est avant tout une question de morale et de droit naturel. Celui-ci est à la base de toute législation positive : il n'y a pas de lois justes, de coutumes respectables, de pouvoir bienfaisant, d'ordre social, en un mot, qui ne s'appuie de quelque manière sur le droit naturel. Et le droit naturel, à son tour, s'appuie sur la morale, science éminemment philosophique et religieuse. Assigner les fondements de la morale, définir la vraie nature de l'homme, déterminer sa fin dernière, mesurer sur cette fin ses devoirs et ses droits essentiels, par conséquent les parts respectives de la liberté et de l'autorité, de l'égalité et de la hiérarchie, toutes ces questions sont éminemment philosophiques. Et la philosophie elle-même serait impuissante ou incomplète, si elle ne s'inspirait de la révélation, alors surtout que la société a été renouvelée par l'Evangile et que les mœurs sont imprégnées de son esprit. Il appartient donc au philosophe chrétien de traiter la question sociale, question complexe, qui est parfaitement de son ressort.

Et remarquons ici que la question sociale domine et comprend la question économique : celle-ci n'est que l'une de ses faces. Car on s'égarerait bien vite en opposant les lois économiques aux lois morales, pour ranger les premières parmi les lois physiques et fatales, étrangères à la conscience et à la liberté. L'économiste doit être doublé d'un philosophe et d'un moraliste chrétien. Il n'est pas permis de diviser l'homme pour l'étudier ici comme un mécanisme qui produit ou consomme, et là comme un être moral.

Nous pensons au contraire, avec M. Aynard, le député du Rhône, si justement estimé, que *les lois économiques.... règlent par la liberté*. Sans doute, elles sont : « le résultat de l'expérience et de l'observation, qui les découvrent comme le meilleur moyen de développer et de féconder le travail » ; mais « elles ne sont point inviolables à la manière des grandes lois physiques. Si elles sont fondées sur la nature, on peut leur appliquer le mot de Bacon sur l'art : c'est que, pour les appliquer, l'homme doit s'ajouter à la nature. Lois non écrites et dépourvues de sanction apparente, elles doivent être suivies par chacun en interrogeant une conscience mise en présence de Dieu. User d'un homme et user d'une machine seront des choses éternellement différentes aux yeux de la morale; il n'est point de lois fatales, naturelles, ou à plus forte raison économiques, qui puissent autoriser celui qui emploie à ne pas remplir son devoir envers celui qu'il emploie. L'économie sociale ne serait qu'une statistique raisonnée, si elle ne s'appuyait point sur ces principes (1). » Nous souscrivons à ces nobles paroles. On ne peut mieux rattacher l'économie politique à la morale, au droit naturel, et par là même à la philosophie.

C'est en vain que l'on chercherait à se passer des services et à échapper au contrôle de cette science. Ce n'est pas ailleurs que l'on trouve la lumière indispensable et suffisante. Car la société temporelle, qui a sa fin ici-bas, est fondée directement sur la justice et le droit naturel, et non pas précisément sur la charité. Il ne suffit pas de compter sur l'efficacité de celle-ci pour résoudre la question sociale, si l'on ne se préoccupe de la science et de la pratique du droit naturel. A plus forte raison la question sociale ne peut être résolue par des sciences subordonnées : le droit positif, l'économie politique, ni surtout par ces sciences comprises aujourd'hui sous le nom de *sociologie*, qui trop souvent considèrent l'humanité à la manière des règnes de la nature. Les

(1) *Rapports* de la Section d'économie sociale et d'assistance du Comité départemental du Rhône, lors de l'Exposition de 1889. *Introd.*

sciences naturelles sont au-dessous de la question sociale:
l'humanité n'est pas un troupeau qu'il s'agit de gouverner,
de paître, d'engraisser et de perpétuer, de manière à satisfaire tous ses instincts physiques. Mais nous sommes ici
en pleine morale; or les lois morales sont irréductibles aux
lois physiques; elles les dominent, elles se les subordonnent
lors même qu'elles s'appliquent à des êtres soumis d'ailleurs
aux lois physiques; et c'est ainsi que la nature elle-même,
invincible et aveugle, est coordonnée, par la connaissance et
la liberté qui s'y ajoutent, à la moralité.

On nous pardonnera d'insister un peu sur ces considérations; car, aujourd'hui, tous ceux qui tiennent une plume
s'arrogent le droit de discuter la question sociale : il est
donc opportun de rappeler que la compétence du philosophe ne le cède à aucune. Ce serait se tromper, en effet,
que de réduire la philosophie chrétienne, et particulièrement la scolastique, à une idéologie fantaisiste et stérile,
à une métaphysique tout occupée à combiner des entités.
Il y a une philosophie morale dont relèvent toutes les
sciences qui s'occupent de l'homme. C'est même à cause
de cette philosophie pratique que la logique, la métaphysique et la psychologie doivent être cultivées ; et nul n'a le
droit d'aborder la question sociale, s'il n'est quelque peu
philosophe. Ainsi l'ont compris les plus grands penseurs de
tous les temps : par exemple Aristote, qu'il ne faut jamais
confondre parmi les socialistes, malgré quelques erreurs
païennes, et saint Thomas, qui a mieux marqué encore
tous les principes de la science sociale. Il n'y a que des
sceptiques et des rêveurs qui puissent se flatter de philo-
sopher sur l'homme et sur le monde, sur les phénomènes et
les noumènes sans tenir compte de la morale et de la société. Ici les plus remarquables de nos adversaires sont d'accord avec nous. Comte et Spencer, philosophes positivistes,
avec des tendances d'ailleurs fort diverses, se proposent de
fixer tous les principes, de découvrir toutes les lois de la
science sociale. Littré lui-même, malgré sa timidité en
métaphysique, ne s'est proposé rien moins que la conci-
liation de l'esprit conservateur et de l'esprit révolution-

naire. L'erreur de nos adversaires a été de s'inspirer d'une
fausse philosophie. Mais on pardonnera à la scolastique
moderne, qui emploie toutes les méthodes utiles et qui res-
pecte toutes les autorités, avec celle de la raison, d'aborder
ces graves questions. D'ailleurs nous resterons strictement
confiné dans notre domaine propre, c'est-à-dire dans les
principes et les généralités philosophiques. Si parfois nous
paraissons en sortir, ce sera moins pour affirmer avec cer-
titude que pour émettre une opinion.

Voici donc tout notre dessein :

Nous nous bornerons à établir les propositions suivantes :
Pour résoudre la question sociale (ou pour la traiter utile-
ment, en attendant une solution), il faut s'éclairer toujours
de l'idéal chrétien sans être jamais idéaliste, et étudier à
fond les faits sociaux sans être empirique. Il faut, en outre
et conséquemment, reconnaître la loi du changement et du
progrès sans être révolutionnaire, et respecter les traditions et les coutumes sans être un conservateur aveugle et
obstiné.

I

Parlons d'abord de l'idéal chrétien et de ses lumières,
aussi vives qu'indispensables.

La société a besoin d'idéal, et ceux qui aspirent à la
gouverner ne doivent jamais perdre de vue ce phare nécessaire, ce bien parfait, ce but suprême, hors duquel on ne

trouve pas de principe régulateur, il n'y a plus de mouvement, plus de vie. L'ordre social est impossible sans une
fin de laquelle tout dépend ; on ne conçoit pas de progrès
sans la recherche du mieux, sans un bien suprême qui at-
tire, qui séduit, qui enchante, qui enflamme toutes les
puissances de l'âme; il n'y a pas de vie humaine sans une
aspiration à satisfaire, sans des désirs supérieurs à combler
par la possession croissante du beau et du bien.

L'idéal est donc nécessaire. Il en faut un dans la vie in-
tellectuelle et morale des individus ; les plus humbles,
comme les plus grands, ont soif de l'idéal et ils en vivent :
le travailleur et le savant, l'homme du peuple et l'homme
d'Etat. Il faut un idéal à l'enfant, à la jeune fille, au père de
famille, au soldat, au magistrat, au religieux, au prêtre.
Une âme sans idéal est une âme perdue pour le bien ; c'est
une âme morte, et il faut demander à Dieu sa résurrection.
Voilà pourquoi, entre tous les autres hommes, le chrétien
doit vivre de l'idéal : autrement il n'appartiendrait plus à
la grande armée du bien.

Et l'on voudrait que la société, religieuse ou civile, fût
sans idéal! On voudrait qu'elle fût gouvernée par des lois
physiques et des nécessités aveugles ! Allons donc! L'Eglise
a son idéal : c'est le règne de Dieu, c'est la liberté de ses
enfants par la vérité : *Veritas liberabit vos.* A son tour, la
société civile a son idéal particulier, qui est subordonné au
premier : c'est le bonheur public, c'est le bien temporel des
familles et des individus par la vertu, et par conséquent
avec l'aide de Dieu et de son Eglise. Voilà le but et voilà
aussi le principe suprême des sciences sociales, la lumière
qui seule peut éclairer ceux qui aspirent à diriger la société
ou à faciliter sa marche.

Donc il faut des principes absolus dans les sciences sociales. Elles aussi communiquent avec la théologie, avec la
philosophie chrétienne, avec la métaphysique. Elles ne
réussiraient pas à se passer de la méthode rationnelle, de
l'apriorisme, du point d'appui de l'absolu. Qu'elles se gar-
dent bien, dès leurs premiers pas, de se condamner à une
radicale impuissance; car on ne s'affranchit pas impuné-

ment des lois générales de la logique et de la méthode. Or celles-ci veulent que toute science résulte de ces deux éléments primitifs : de phénomènes observés ou expérimentés et de principes absolus, de faits contingents et d'idées nécessaires, c'est-à-dire que toute méthode complète et vraiment scientifique, sous peine de verser dans l'empirisme ou dans l'idéalisme, doit être à la fois rationnelle et expérimentale (1).

Et qu'il nous soit permis ici de signaler un danger à quelques savants catholiques, qui travaillent d'ailleurs avec le zèle le plus louable et déjà avec un succès notable à la réforme de la société. On les surprend parfois à couvrir de dédain la métaphysique, sans distinguer préalablement entre la mauvaise et la bonne ; ils prétendent s'appuyer sur la méthode expérimentale *exclus'vement*, et se défient outre mesure de la méthode rationnelle et des principes absolus. Il est vrai qu'eux-mêmes, quand ils déduisent leurs meilleures conclusions, empruntent beaucoup, sans bien s'en rendre compte, à la méthode qu'ils méprisent : ils sont philosophes et même métaphysiciens sans le savoir. Mais il faut que cette équivoque se dissipe et que l'exagération disparaisse non seulement de leur esprit, si logique d'ordinaire, mais encore de leurs formules. En vérité, il faut qu'ils se réconcilient non seulement de fait, mais ostensiblement, avec la métaphysique, avec l'idéal, avec l'esthétique sociale chrétienne, s'ils veulent coopérer avec l'Eglise à la réforme et au salut de la société.

Ah ! sans doute, il y a une métaphysique fausse et pernicieuse ; il y a un apriorisme insensé qui n'a fait que des révolutions et des ruines ; mais c'est parce qu'il y a un *idéal faux*. On ne peut le poursuivre sans tomber dans le précipice de l'anarchie et les horreurs de la guerre civile. C'est par exemple l'idéal de Rousseau, qui a rêvé une liberté, une égalité, une fraternité chimériques, qui affirme l'utopiste !

(1) C'est ce que M. Ch. Gide, dont nous aurions d'ailleurs à réfuter plus d'une fois les doctrines, a fort bien démontré dans sa Conférence sur l'*Ecole nouvelle* ou l'*Ecole de la solidarité*, devant la Société d'économie sociale de Genève, 1890.

que l'homme naît bon et que c'est la société qui le déprave. Mais, en réalité, l'homme de la nature, s'il n'est instruit par les traditions et corrigé par l'éducation, n'est qu'un sauvage et une bête malfaisante : *Homo homini lupus*. Ce rationalisme orgueilleux fut celui des révolutionnaires du siècle dernier. C'est en poursuivant un faux idéal de liberté qu'ils ont organisé la Terreur; ils ont piétiné dans le sang royal, puis dans le sang des prêtres, puis dans le sang du peuple, jusqu'à ce qu'un despote de génie les ait arrachés tous, ces régicides, ces sacrilèges, ces fratricides, à leur ivresse sanglante et à leur idolâtrie. Ils s'étaient prosternés devant leur propre raison, affranchie des traditions et de l'autorité religieuse : c'était l'idéal du mal et celui-ci n'a pas tardé de planer, comme un mauvais génie, sur toutes les scènes horribles et inoubliables de la grande Révolution.

Ces forfaits, devant lesquels, hélas ! ne reculeraient pas, semble-t-il, certains idéalistes révolutionnaires qui dressent des statues à Marat, ont ouvert cependant les yeux à la plupart de nos adversaires. Mais l'idéal qu'ils ont substitué à celui des terroristes n'est pas moins faux ni moins malfaisant, en définitive. Pour ne parler que de l'école positiviste contemporaine, son idéal (et remarquons, en passant, que les positivistes eux-mêmes ont un idéal, tant il est nécessaire), c'est la paix publique et le bonheur temporel de tous et de chacun par le plaisir, par la satisfaction de tous les désirs de la nature, mais de la nature épurée par l'évolution. Ici j'ai surtout en vue M. Spencer. Il comprend autrement que Rousseau l'éducation, mais il ne l'appuie, en définitive, comme toute la morale, que sur le plaisir et l'égoïsme bien compris et parvenu — chose contradictoire — à s'oublier lui-même. Quelques-uns des nôtres qui louent sans réserves suffisantes les vues pédagogiques de M. Spencer, devraient mieux s'en souvenir. L'idéal social de M. Spencer comporte le triomphe naturel des forts sur les faibles ; ceux-ci ont disparu ou disparaissent à mesure qu'ils renaissent, et l'humanité, épurée par leur départ, se complaît dans les jouissances multiples et harmonieuses de tous les biens de cette vie : dans l'équilibre de la production et de la consommation ; dans les plaisirs variés et incessants d'un travail agréable et d'un repos délicieux ; dans les charmes de la vie domestique et de la vie sociale ; dans la noble satisfaction des goûts scientifiques, littéraires, esthétiques ; bref, dans l'apaisement bienheureux de tous les instincts affinés par la sélection naturelle et l'évolution. Comme si l'humanité sans Dieu et livrée aux calculs de l'égoïsme, n'était pas vouée par là même à la dégradation morale, aux guerres extérieures et aux conflits intérieurs les plus sanglants ! Comme si l'homme pouvait goûter un moment de vrai bonheur sans l'amour suprême du bien absolu, sans le culte du devoir et de l'honnête ! Comme si nous pouvions être heureux sans un ciel ouvert sur nos têtes, mais avec un abîme noir, éternel et sans fond sous nos pieds ! Arrière donc cet idéal menteur, cet idéal du mal, cette rêverie malfaisante d'une philosophie qui se qualifie de *positive*. Ceux qui cherchent à le réaliser aujourd'hui par des lois athées et persécutrices, par une éducation sans religion, ne tarderont pas, si les catholiques ne les arrêtent dans leurs attentats publics, à supprimer graduellement les libertés les plus sacrées, à démoraliser le peuple et à l'exaspérer, à provoquer l'anarchie et à piétiner, au nom de l'égalité et de la fraternité, sur les cadavres sanglants de leurs frères. Arrière donc cet idéal !

L'idéal qu'il nous faut, la seule étoile fixe au ciel qui puisse nous guider et nous sauver, c'est l'idéal chrétien. Mais quel est-il ?

Essayons d'en fixer les principaux traits. Remarquons toutefois que c'est un idéal : il est donc impossible, du moins ici-bas, de l'emprisonner dans la réalité des faits ; il les domine toujours, et d'autant mieux que les conditions sociales sont essentiellement instables. Mais l'idéal n'en est pas moins une lumière, qui éclaire le droit, la politique, l'économie politique, toutes les sciences sociales ; c'est un modèle sur lequel la société doit toujours se former ou se réformer ; c'est un centre autour duquel l'humanité doit graviter en s'en rapprochant toujours.

Or la description de cet idéal commence non par la proclamation des droits de l'homme, mais par la proclamation de ses devoirs. C'est le seul moyen de consacrer les droits de tous, surtout des faibles, et de les rendre imprescriptibles. L'homme doit adorer Dieu, son créateur, l'aimer et le servir; il doit respecter l'image divine qu'il porte en son âme et soumettre ses sens à la raison; il doit respecter l'autorité paternelle et toutes les autres, qui sont à son image; il doit pratiquer toutes les vertus, le travail, le dévouement, la probité, la charité. — Ce n'est là, dira-t-on, que le Décalogue. — Mais, précisément, le Décalogue contient la charte de toutes nos libertés. Car, si toute créature humaine a le devoir sacré d'adorer Dieu et de le servir, nul n'a le droit, fût-il roi, empereur ou parlement, d'empêcher un enfant du peuple ou un vieillard de connaître Dieu ou de se réconcilier avec lui; nul n'a le droit d'arracher le Christ qui étend les bras sur les enfants de nos écoles et sur les moribonds de nos hôpitaux; nul n'a le droit d'asservir l'Eglise, de proscrire les manifestations paisibles du culte et de torturer les consciences. Donc liberté de l'enseignement catholique à tous les degrés et liberté de l'Evangile. Si toute créature humaine a le devoir sacré de respecter sa dignité morale, nulle puissance humaine, fût-elle de César ou d'une assemblée, n'a le droit de scandaliser le faible, de démoraliser la foule, de provoquer au blasphème, au divorce et aux mauvaises mœurs. Et c'est ainsi que tous nos droits essentiels, toutes nos libertés les plus précieuses sont fondés sur nos devoirs et inébranlables comme eux (1).

La famille est d'institution naturelle et divine; le père et la mère ont des devoirs réciproques et sacrés; l'un et l'autre ont des devoirs non moins graves envers leurs enfants. Or de ces devoirs multiples et impérieux découlent aussitôt des droits inaliénables : le droit du père de famille sur

(1) Sire, disait Pie VII à Napoléon, qui voulait lui arracher certaines concessions, je puis bien vous abandonner mes droits, mais je ne puis vous sacrifier mes devoirs — Ce mot résume toute la théorie de nos droits essentiels et de nos libertés inaliénables.

l'éducation des siens, le droit de fonder un foyer, d'acquérir un patrimoine et de le transmettre à ses enfants. Toujours nos droits trouvent ainsi leur garantie dans nos devoirs.

Chacun a le devoir, du moins envers Dieu, de se perfectionner sans cesse, de faire des bonnes œuvres, de se rendre utile à l'Eglise, à la société civile et à son prochain, de donner le bon exemple, de mettre son propre bonheur dans le bonheur d'autrui ; les vertus personnelles, civiles, religieuses, qui font la perfection de l'homme, l'inclinent à tous ces actes de travail, de dévouement, de charité ; elles sont le principe de notre valeur morale et du bien public, qui naît des vertus de tous : tels sont nos devoirs. Mais ces mêmes devoirs, on le voit aussitôt, garantissent toutes les libertés légitimes : liberté d'acquérir et de contracter, liberté d'association industrielle, commerciale, agricole, scientifique, religieuse ; liberté surtout du dévouement et de la charité. Et ceux qui osent porter la main sur ces libertés, attentent non seulement aux droits de ceux qui les exercent, mais ils attentent (ce qui est plus odieux) aux droits des faibles et des misérables qui bénéficient de ces libertés. N'eussent-ils aucune crainte de la justice de Dieu, qu'ils devraient encore, par humanité, respecter la liberté du dévouement et du sacrifice. Leur intolérance, déjà tyrannique, devient donc cruelle, et parce qu'elle trahit trop souvent leur haine religieuse, elle ajoute à tous ces caractères celui de l'impiété.

En fondant la liberté sur le devoir plutôt que sur le droit, nous la préservons de toute licence et nous la concilions avec l'autorité. Celle-ci, non moins que la liberté, est nécessaire à la société ; elle fait donc partie de l'idéal chrétien, mais à la condition de ne pas dégénérer en tyrannie, en despotisme, celui de César ou celui d'une assemblée. Or le moyen infaillible de distinguer l'autorité légitime de celle qui s'exerce tyranniquement, c'est de la soumettre au contrôle des devoirs essentiels de l'homme. Il y a diverses autorités, qu'il faut respecter, chacune dans sa sphère. L'autorité de l'Etat cesse d'être l'autorité, quand elle empiète sur celle des pères de famille ; or elle empiète sur l'autorité des pères de familles, quand elle les empêche de remplir leurs devoirs. L'autorité paternelle elle-même serait abusive, si elle empêchait l'enfant de satisfaire à ses devoirs essentiels, comme ceux de pratiquer la vertu ou de suivre sa vocation. Partout l'autorité et la liberté doivent se concilier, en se gardant, la première, de l'oppression, la seconde, de la licence ; et le sel qui les empêchera de se corrompre, c'est le devoir.

C'est le devoir encore qui nous permet d'allier l'égalité avec la hiérarchie ou l'ordre social. Tous les hommes sont égaux par nature ; tous ont été rachetés du même sang divin et appelés au même héritage céleste. Il faut donc respecter en eux l'humanité et l'image de Jésus-Christ, alors même qu'ils descendraient au-dessous de la raison et ne se respecteraient pas eux-mêmes. Mais cette égalité fondamentale s'harmonise avec une extrême diversité d'aptitudes physiques et morales, de vocations et de fonctions ; tous sont les membres d'un même corps, mais des membres fort différents ; tous ont les mêmes devoirs essentiels, mais chacun a ses devoirs particuliers. Or c'est la communauté des devoirs essentiels, ceux du Décalogue, avec les droits qu'ils impliquent, qui fait leur égalité ; et ce sont leurs devoirs particuliers, avec les droits qu'ils impliquent, qui créent la hiérarchie et l'ordre social.

C'est le devoir encore qui nous gardera de ces utopies entre lesquelles oscillent les sociétés : l'individualisme et le communisme, le libéralisme et le socialisme ou le collectivisme. Ces grands mots, souvent mal définis, expriment de graves erreurs.

Qu'est-ce que l'individualisme, sinon l'exagération de la liberté et des droits individuels, exagération qui tourne au mépris des droits de la famille et de ceux de la société tout entière ? La société n'est pas composée directement d'individus, agrégés par on ne sait quel contrat social chimérique ; mais l'unité sociale vraie, l'organisme élémentaire, la cellule vivante et féconde qui a engendré la société, qui la soutient et doit être protégée et fortifiée à son tour, c'est la famille. Voilà pourquoi les anciens législateurs, à commencer par Moïse, comptaient leur peuple par familles ; ils organisaient les familles et les classes plutôt que les individus. Donc tous droits individuels qui tourneraient à la destruction de la famille, sont des droits exagérés, des droits faux : tel est le droit du divorce, du moins dans les pays chrétiens. De même aussi, tout droit individuel qui tiendrait en échec le droit légitime de la société tout entière, est un droit exagéré et faux. Tel serait, à n'en pas douter, le droit de quelques individus qui parviendraient, grâce à une législation défectueuse et à un mauvais état social, à être les détenteurs d'une très grande partie de la fortune publique, et à usurper ainsi, d'une manière indirecte, un pouvoir social qui n'est pas le leur. A plus forte raison ces droits individuels sont exagérés, s'ils sont le fruit de la fraude, de spéculations usuraires, ou malhonnêtes d'une autre manière. Le droit individuel de propriété n'est pas absolu, il a des limites morales : le nier c'est revenir à la conception païenne du droit et tomber dans la superstition de la propriété (1).

Mais, d'autre part, si les droits individuels ne peuvent supprimer ceux de la famille ni ceux de la société, la réciproque n'est pas moins vraie : donc le communisme est une erreur. Qu'est-ce, en effet, que le communisme ? — C'est l'absorption des droits de l'individu et des droits de la famille par les prétendus droits de la communauté tout entière, de la collectivité ou de l'Etat. Pour un communiste conséquent, il n'y a plus de propriété individuelle, il n'y a plus de foyer ni de patrimoine transmissible de père en fils ; que dis-je ? il n'y a plus même de famille ni de mariage. Ce système est si monstrueux qu'on n'ose plus aujourd'hui le soutenir. Mais remarquons ici qu'il est condamné par cela même qu'il méconnaît les devoirs les plus essentiels de l'homme, et partant, ses droits les plus sacrés. C'est donc toujours la notion du devoir, surtout du devoir chrétien, qui nous garantit des erreurs sociales.

(1) Voir, par exemple, *les Papes et le « jus abutendi »*, par G. Ardant (*Association catholique*, 15 janv. 1891).

L'individualisme et le communisme se présentent aujourd'hui sous des formes moins repoussantes, mais peut-être plus dangereuses : je veux parler du libéralisme et du socialisme, qui sont incompatibles, eux aussi, avec l'idéal chrétien.

On voit aussitôt l'affinité qui existe entre le libéralisme social et l'individualisme. Comme celui-ci, le libéralisme exagère les droits individuels ; il prétend que tout le rôle du pouvoir social consiste à laisser toute liberté aux individus ; volontiers il réduirait le pouvoir à un rôle tout négatif, lui refusant toute initiative, le déchargeant peu à peu de toutes ses fonctions. Ce serait même là son idéal. Et n'a-t-on pas dit, d'ailleurs avec les meilleures intentions, que « l'Etat est un mal nécessaire » ? On arrive, en effet, au libéralisme en partant de divers points et de diverses écoles, d'ailleurs très opposées. C'est ainsi que M. Spencer, dans son ouvrage *l'Individu contre l'Etat*, élimine graduellement toute action des pouvoirs publics. Plusieurs catholiques français, justement effrayés des progrès d'une centralisation sans contre-poids suffisant et qui *nous* mène pratiquement au socialisme, cherchent parfois le remède, semble-t-il, dans la même erreur. Mais une erreur sociale ne guérit pas d'une autre, et le libéralisme est une erreur. C'est une erreur, en effet, de prétendre que la liberté individuelle suffit à l'organisation, à la conservation et au progrès de la société ; car la liberté est impuissante sans l'autorité. C'est une erreur de prétendre que les individus laissés à eux-mêmes, à leur initiative et à leurs talents, arriveront toujours à conquérir leur place sociale ; que tous les droits individuels sauront eux-mêmes se sauvegarder ; qu'une concurrence sans limites et sans règle pourvoira toujours aux besoins réels de la société. Car la liberté sans mesure sera toujours la licence pour les uns et l'asservissement, l'appauvrissement excessif et l'esclavage pour les autres. Il est évident que dans la société il y a des forts et des faibles, et que la liberté individuelle ne suffit pas à protéger ces derniers. Il évident que le succès ne répond pas au mérite vrai, mais plutôt à certains talents, le

plus souvent d'ordre inférieur, quand il ne répond pas à
des qualités au-dessous du talent, comme la fraude et
l'usure ; et que l'homme le plus heureux en affaires, le
plus habile à profiter du travail d'autrui, n'est pas toujours
le plus digne et le plus utile à la société. Souvent les para-
sites sont le mieux partagés. Si l'on soutient le contraire,
alors que l'on érige le succès en mérite, la ploutocratie en
forme de gouvernement, et qu'on se prosterne devant le
veau d'or. Si on laisse donc les forces sociales à leur jeu
naturel, il se produira comme une sélection à rebours,
celle des temps de décadence, et l'on verra baisser le niveau des mœurs, des intelligences et de la civilisation.
Ce n'est pas en abandonnant sans réserve les hommes à
leur liberté individuelle qu'on les améliore (1) : autant
vaudrait dire que pour faire produire à la terre ses plus
belles fleurs et ses meilleurs fruits, il faut rendre toute liberté aux plantes de nos parterres et aux arbres de nos
vergers, laissant aux meilleurs de conquérir leur place au
grand soleil, d'y fleurir et d'y fructifier.

Il est vrai qu'en face d'un pouvoir oppresseur on est
tenté d'en appeler à la seule liberté, alors surtout qu'elle
s'éclaire de la morale chrétienne. Mais le rôle du pouvoir
social ne peut pas se suppléer, et ce n'est pas un moyen
de le corriger que de le détruire (2). Or on le détruirait en
le dépouillant de ses attributions essentielles, qui consis-
tent à protéger les droits, à réprimer les abus et à pro-
mouvoir le bien public, dans l'ordre temporel, de la ma-

---

(1) Nous pourrions ici, comme en maints endroits, nous réclamer
de l'autorité de Le Play et de ses meilleurs disciples : « Ayant montré, dit à ce sujet M. Guérin, la large part qui revient dans une
constitution sociale à l'initiative privée, il a rendu à la souveraineté
ce qui lui appartenait et toute sa vie il s'est préoccupé de gagner à
ses conclusions le chef de l'Etat, alors qu'il en existait de dignes de
ce nom. » (*L'Evolution sociale*, p. 270).

(2) « Je repousse le césarisme, disait Mgr l'évêque de Montpellier
au congrès de Liége ; il ne s'est appesanti sur nous que pour nous
châtier et nous ramener de nos erreurs ; mais ses fautes ne nous
donnent pas le droit d'oublier que le pouvoir est institué de Dieu, et
que l'Etat a reçu de Dieu la mission d'assurer le respect de la justice. »

nière qui lui est propre (1). Ces attributions sont limitées naturellement par les droits respectifs de l'Eglise, des familles et des individus ; mais le pouvoir public ne peut les perdre radicalement alors même qu'il en abuse. En définitive, il faut toujours chercher à concilier la liberté individuelle avec l'autorité sociale. Donc, pas de libéralisme. L'Eglise, qui l'a condamné déjà sous d'autres formes, le condamnerait de nouveau si elle y était obligée. En tout cas, l'idéal chrétien ne le comporte pas (2).

Il exclut aussi l'erreur opposée, le socialisme. Celui-ci consiste dans l'absorption plus ou moins complète des droits essentiels de l'individu, par la collectivité. Le socialisme est le frère du communisme, mais il s'en distingue beaucoup ; il est moins absurde, moins monstrueux et offre par là même plus de danger. Il ne supprime pas radicalement la propriété, du moins la propriété individuelle, mais il la restreint outre mesure ; il ne détruit pas la famille, mais il fait de l'individu un simple rouage dans le mécanisme social. Le socialisme, en effet, tend à réduire toutes les fonctions *sociales* à des fonctions *publiques*, par une centralisation excessive : bureaucratie, fonctionnarisme

---

(1) C'est ce qui ressort clairement de l'Encyclique, notamment de ces passages : « Les lois et l'autorité publique doivent, avec mesure sans doute et avec sagesse, apporter à cette solution leur part de concours... — Ils doivent faire (les gouvernants) en sorte que, de l'organisation même et du gouvernement de la société, découle spontanément et sans effort la prospérité tant publique que privée... — Que l'Etat se fasse donc, à un titre tout particulier, la providence des travailleurs. » C'est à la lumière de ces principes qu'il faut interpréter la formule d'Angers : « Liberté du travail, liberté d'association avec toutes ses conséquences légitimes, intervention de l'Etat limitée à la protection des droits et à la répression des abus ». D'ailleurs les socialistes pourraient abuser de cette formule si réservée, aussi bien que de toute autre. Il leur suffit, pour cela, d'exagérer les droits individuels que l'Etat doit protéger et de lui demander, par exemple, du travail ou du pain en cas de chômage.

(2) C'est pourquoi M. de Mun faisait, dès 1884, cette solennelle déclaration, qui est toujours opportune : « Catholiques, nous repoussons également le libéralisme anti-chrétien et le socialisme d'Etat ; nous ne voulons pour le pouvoir public ni l'indifférence, ni l'abdication de son devoir social, ni le despotisme qui lui permettrait d'absorber dans ses mains toutes les forces vives de la nation. »

et autres contrefaçons de l'organisation sociale. Le socialisme c'est l'Etat providence universelle, qui se substitue à la prévoyance paternelle, à la prudence individuelle, à la sagesse des associations libres; il supprime tous les organismes intermédiaires entre la tête et les membres, entre le pouvoir central et les individus : plus de communes, de corporations, de familles puissantes, ou du moins leur liberté est illusoire et leur influence nulle; le terrain social est nivelé, le sol est pulvérisé. Qu'on se figure une immense exploitation dont le propriétaire unique est la société et dont les employés sont les citoyens, en retraite ou en fonction, pensionnaires ou salariés, ouvriers, ingénieurs, professeurs attitrés.

Il n'est pas possible ici de signaler toutes les absurdités révoltantes, touces les tyrannies mónstreuses que le socialisme implique, dans l'ordre religieux et dans l'ordre civil. Nous en éprouvons quelque chose dans nctre société où tant d'hommes et tant de familles sont déjà à la merci d'un pouvoir sans contrôle. Mais il nous suffit de remarquer que le socialisme pèche par cela même qu'il empiète sur nos droits essentiels : liberté de choisir sa carrière, liberté de pourvoir soi-même, avant tout autre, à sa propre subsistance et à son avenir; liberté de contracter, de s'associer, de former des corporations particulières, scientifiques, industrielles, agricoles, commerciales, religieuses, en un mot de créer des organismes vivants au sein de la société, où le pouvoir public doit les utiliser et non pas les détruire. Or tous ces droits sont imprescriptibles, parce qu'ils sont fondés sur nos devoirs d'hommes et de chrétiens dont nul ne peut nous dispenser. En s'attaquant à la dignité essentielle de l'homme, le socialisme brise donc en face avec l'Eglise. C'est pourquoi, bien que par la charité et l'esprit de fraternité qui l'anime, l'Eglise semble favorable à certaines conceptions du socialisme (par exemple dans l'institution des ordres religieux et la vie commune des premiers chrétiens) elle est cependant son adversaire le plus redoutable. Là où l'Eglise prévaut, le socialisme recule, parce qu'elle fait toujours prévaloir avec elle les droits impres-

criptibles de la conscience et de la personnalité humaine (1).

Tout ceci nous permet peut-être d'apprécier déjà l'idéal
chrétien de la société; mais il faut le préciser davantage en
déterminant les rôles respectifs de la justice et de la charité,
puis les rapports du capital et du travail.

Et d'abord, l'idéal chrétien c'est le règne de la justice et
de la charité. Mais n'est-ce pas là énoncer une contradic-
tion? Augmenter la part de la justice, n'est-ce pas diminuer celle de la charité, et réciproquement? Bien des écri-
vains catholiques ont agité ces questions sans réussir à
s'entendre. Cependant il y a une doctrine supérieure à ces
discussions et qui doit les éclairer.

Rappelons d'abord la nature de la charité: c'est une vertu
qui fait aimer Dieu par-dessus tout et le prochain par rapport à lui. Considérée ainsi, la charité est une vertu universelle, c'est la *forme de toutes les vertus chrétiennes*,
c'est-à-dire qu'elle les commande, les anime et les crée,
pour ainsi dire, si elles n'existent pas. La charité ainsi
comprise ne s'oppose donc pas à la justice, mais elle la
facilite, la transfigure et l'élève. Ainsi l'enfant chrétien qui
aime son père et lui obéit accomplit un devoir de justice,
mais en même temps un acte d'amour de Dieu et par conséquent de charité, s'il voit l'image de Dieu dans la personne
de son père. Et le père chrétien qui aime son enfant et s'impose pour lui de durs labeurs, accomplit un devoir de justice, mais en même temps un acte d'amour de Dieu, c'est-à-
dire de charité, s'il voit l'image de Dieu dans l'âme candide
de son enfant. De même tous les actes de justice accomplis
par le chrétien, actes de probité, d'impartialité, de fidélité
à la parole donnée, doivent être animés et perfectionnés
par la charité. La justice ne sera pas moins étroite parce
que l'amour de Dieu s'y ajoutera: la charité ne peut pas dimi-

---

(1) Il n'y a donc pas, à proprement parler, de *socialisme chrétien*.
Ces deux termes sont absolument incompatibles. Aussi, ne voit-on
pas, dans l'histoire, que des chrétiens de bonne foi aient fait du mal
à l'Eglise en défendant le socialisme. Pourrait-on en dire autant du libéralisme?

nuer la justice. Et quel chrétien pourrait donc se plaindre de tenir ainsi tout ce qui lui est dû, de la charité en même temps que de la justice? Quant à ceux qui ne sont pas chrétiens, ils n'ont pas le droit de nous dispenser de la charité à leur égard. Ainsi entendue, la charité est donc une vertu universelle: on ne saurait trop l'étendre, de même qu'on ne saurait trop la fortifier.

Mais il y a une manière toute particulière d'entendre la charité. Cette vertu consiste alors à donner ce qu'on ne doit aucunement à titre de justice proprement dite. Par exemple un pauvre est incapable de gagner un salaire qui lui est nécessaire : le laissera-t-on languir de faim? Ce serait coupable et peut-être criminel. Le riche ou du moins celui qui est moins pauvre *devra* donc lui donner le nécessaire; il le *devra*, c'est-à-dire qu'il doit à Dieu de soulager le pauvre : la créance du pauvre, c'est la créance même de Dieu. Le riche accomplit donc un acte de justice envers Dieu, mais de pure charité envers le pauvre. Soutenir le contraire, c'est confondre la justice et la charité, la justice et la bienfaisance, c'est ouvrir la porte au communisme ou au socialisme.

Mais voici ce qu'il faut ajouter: à cette charité, prise au sens d'*aumône*, ou même d'assistance publique, il faut mesurer étroitement la place, non pas dans l'Eglise, mais dans une société civile aussi parfaite que possible, c'est-à-dire qu'il faut arriver à donner toutes les fois qu'on le peut, à titre de justice, ce qu'on a donné d'abord par pure charité. — Pourquoi cela? dira-t-on. Est-ce que vous prétendez diminuer le rôle de la charité? — Non certes, surtout dans l'Eglise, qui est fondée sur la foi et la charité; et l'on vient de voir comment s'étend partout et à l'infini le rôle de la charité. Mais il faut rappeler, avec tous les maîtres, que la société temporelle n'est pas fondée précisément sur la charité, mais sur la justice, et qu'il faut par conséquent chercher à lui donner ses vraies bases. Une société idéale chrétienne n'est pas celle où un petit nombre d'hommes riches et charitables feraient vivre un peuple de mendiants et de déshérités, mais bien celle où chacun pourrait, en travaillant, gagner tout le nécessaire. On peut soutenir, avec l'évêque de Nottingham, au congrès de Liège, comme le rappelait naguère l'évêque de Montpellier, qui n'a pu entendre sans émotion cette noble protestation, on peut soutenir qu'une société, d'ailleurs riche et prospère, où le travailleur de bonne volonté et pourvu de santé et d'aptitude ne peut gagner un salaire suffisant, est une société mal organisée. Certes il ne faut pas la combattre en faisant appel au socialisme ou à l'anarchie : la mort n'est pas une guérison ; mais qu'on n'aille pas ici se retrancher derrière de prétendues lois économiques naturelles et fatales, et convenons tous généreusement qu'il faut guérir cette société, l'améliorer, la mieux adapter, en l'orientant vers l'idéal chrétien.

Cet idéal veut que le salaire cherche à se substituer peu à peu à l'aumône (1). La charité, vertu suprême et générale, réclame ici elle-même et toute la première cette substitution, aussi généreuse que prudente, qui devient le triomphe de la charité et son triomphe le plus beau. La charité résoudra donc la question sociale, mais elle la résoudra par la justice, qu'elle anime et développe, qu'elle inspire et complète.

Faut-il donner un exemple qui coupe court à toute contestation ? Dieu même nous le donne. D'abord nous tenons tout ce que nous avons et tout ce que nous sommes de sa pure libéralité, disons le mot, de sa pure charité : *Deus caritas est*. Mais Dieu, qui veut nous honorer en même temps que nous combler, nous dispense ses premiers dons pour que nous ayons le moyen d'en mériter d'autres par notre propre coopération ; et c'est ainsi qu'après avoir été les mendiants de Dieu, nous devenons ses ouvriers, ses coopérateurs : après avoir reçu l'*aumône*, nous recevons notre *salaire*, qui est royal, la grâce en ce monde et la vie éternelle en l'autre : *Merces tua magna nimis*.

Ainsi doit faire, à l'égard du pauvre, le riche qui sait te-

____

(1) C'est en s'inspirant de ces principes qu'on cherche aujourd'hui à substituer autant que possible l'assistance par le travail à l'aumône proprement dite.

nir la place de Dieu; et voilà pourquoi, dans la société idéale chrétienne, tout homme devrait pouvoir vivre de son fonds ou de son salaire, ou, ce qui est mieux encore, de l'un et de l'autre. C'est là sans doute ce que voulait dire Moïse, le grand législateur, quand il écrivait : « Qu'il n'y en ait point parmi vous de tout à fait pauvre et misérable. » (Deut., xv, 4.) Qu'est-ce à dire? Est-il possible de décréter l'abolition de la misère? Non ; mais c'est un devoir individuel et social de la prévenir, de la guérir, d'en faire sortir, aussitòt que possible, ceux qui y sont tombés, par un salaire qui honore et moralise.

La question du salaire nous amène à parler des rapports du capital et du travail. Ce n'est pas le lieu de discourir longuement sur le capital, sa formation, sa nécessité, ses abus possibles, ses droits et ses devoirs. On l'a dit avec raison, le capital est comme un travail accumulé : ainsi l'épargne, une maison, une machine, un champ fécondé par une culture laborieuse. Ce qui est incontestable, c'est que le propriétaire du capital ou du fonds a des droits sur l'usufruit : bref, une rente modérée, qui n'est pas usuraire, est fort légitime. Mais en face de la rente, du capital, il y a le salaire du travail. Or, si tous n'ont pas le privilège de vivre de leurs rentes, c'est-à-dire, des fruits d'un travail passé et accumulé, tous du moins ont le droit, en principe, de vivre de leur travail présent, c'est-à-dire de leur salaire.

Il faut remarquer encore que les droits respectifs du capital et du travail sont loin d'être opposés de leur nature : ils sont faits pour s'accorder. Le travail ne produit rien sans matière première, sans capital ou sans fonds sur lesquels il s'exerce; à son tour, le capital est stérile s'il n'est pas mis en œuvre; le travail utilise le capital, souvent même il l'accroît.

Mais comment s'accorderont-ils, ou plutòt comment s'accorderont ceux qui en disposent, surtout dans une société comme la nôtre où les rapports du capital et du travail ont été troublés par le prodigieux accroissement du premier et la difficulté grandissante de se soutenir, si l'on ne peut compter que sur le second ? Car, il faut bien l'avouer, à moins

d'être un artiste ou un romancier en vogue, un avocat ou
un médecin qui n'a que l'embarras de choisir les plus riches
clients, un directeur de banque ou l'ingénieur en chef de
quelque grande compagnie, celui qui ne peut compter que
sur son travail est assez mal armé pour la vie.

Songez donc que cet homme, avant d'être capable de
gagner son pain, doit consacrer le premier tiers de sa vie
à l'apprentissage ou à l'étude; que la période vraiment féconde de la vie laborieuse n'excède guère trente ou quarante
ans, quand elle les atteint; qu'il a le droit et souvent le
devoir d'assumer les charges d'une famille; qu'il n'est pas de
fer, mais sujet aux maladies, aux accidents, aux infirmités
précoces; songez encore que dans nos sociétés modernes,
surtout en France, tout homme est grevé d'impôts en nais·
sant: il faut satisfaire au fisc avant de gagner pour soi-même
un morceau de pain. Certes il n'est pas injuste d'acheter le
droit de vivre dans une société policée; mais nous consta-
tons que le travailleur modeste qui n'a que ses deux bras
est mal armé dans sa lutte pour l'existence.

Songez donc qu'une pauvre ouvrière qui n'a que son
honnêteté et ses dix doigts gagne à peine un salaire qui ne
l'empêche pas toujours de mourir de faim, et dont l'insuf-
fisance l'expose trop souvent à toutes les séductions (1).
Répétez ce salaire annuel, si durement acquis, dix fois et
vingt fois: il atteint à peine une rente médiocre et il est
temporaire et beaucoup plus aléatoire. Que sera-ce si nous
le comparons à des fortunes déjà grandes et qui, Dieu merci,
ne sont pas des exceptions (2) ?

(1) On a relevé maintes fois et partout des exemples lamentables.
Voir, par exemple, *l'Univers (passim), sur la question ouvrière et sociale,* et les articles remarquables de M. E. Veuillot (16 et 29 nov.,
12 et 21 déc. 1890).

(2) Dans une société bien organisée, où la loi universelle du travail est comprise, le dénuement des uns ne peut provenir de la richesse des autres; tout au contraire, la richesse d'en haut chasse
l'indigence d'en bas. Aussi M. Ch. Gide peut-il écrire avec raison :
« Il est permis de s'indigner de voir trop de pauvres ; mais la sottise
ou l'envie peuvent seules s'indigner de voir trop de riches. » Mais,
dans une société qui retourne au paganisme, il n'est que trop vrai

Et pour parler de travailleurs d'élite, songez qu'un professeur de Sorbonne, qui a dû employer toute sa jeunesse à cultiver et enrichir son esprit, et qui dépense, pendant les vingt meilleures années de sa vie, toutes ses forces acquises, ne verra pas toujours ses honoraires égaler la rente, perpétuelle de sa nature, d'un modeste rentier qui a fait un héritage ou gagné à la loterie. Celui-ci pourtant n'a que quelques gouttes de cet océan de fortune qu'il s'agit de mettre en équilibre avec le travail, sous toutes ses formes et dans son ensemble, si l'on veut que la société ne souffre pas de l'excès même de ses richesses. Ces réflexions philosophiques n'ont rien de commun avec les récriminations socialistes, et nous n'estimons même pas que les honoraires des professeurs de Sorbonne soient insuffisants. Il est permis de penser, au contraire, que les salaires, surtout ceux des hommes de lettres, des artistes, etc., doivent être modérés, parce que ce sont avant tout des honoraires, et qu'en rémunérant outre mesure, à part des exceptions princières, certaines professions, on pèse d'autant sur le travail si modeste de l'ouvrier et de l'ouvrière. Il est permis de penser que ni la science ni le grand art ne déclinent, en côtoyant, sinon la gêne, du moins la modestie de la fortune : bien des chefs-d'œuvre ont été payés d'abord des prix dérisoires ; Homère a peut-être composé l'Iliade pour un morceau de pain. On peut penser que la littérature et le théâtre seraient purgés de bien des malfaiteurs et que le génie aurait moins de peine à percer, s'il y avait moins d'argent à gagner au service de la Muse. Celle-ci, comme la Sagesse, veut être aimée pour elle-même : elle n'appartient bien qu'à ceux qui savent s'oublier.

Mais le but, en tout ceci, est de montrer que la condition du travail devient particulièrement difficile aujourd'hui devant un capital toujours grandissant, et qu'il faut cependant les accorder. Car la discorde serait la ruine de tous

que plusieurs sont nécessairement sacrifiés dans la lutte pour l'existence, et que leur servitude sert de marchepied à l'opulence des plus habiles ou des moins scrupuleux.

les deux et la révolution. Le capitalisme sans conscience, la féodalité financière qui détient une si grande partie de la fortune publique devrait y songer ; elle ne réussira pas toujours à gagner par ses appas tels et tels élus du peuple, à les rassasier de ses miettes, à leur lier les mains, à leur fermer la bouche, en les associant à ses spéculations véreuses, en les engraissant à leur tour de l'épargne et de la substance du peuple, qu'ils devraient défendre et qu'ils dévorent. Le régime de la ploutocratie et de l'usure est un régime de corruption et il subira fatalement la peine de ses méfaits (1). Sans reprendre ici de sinistres prophéties et en s'abstenant de toute déclamation, il faut cependant conclure que nous serons broyés par le socialisme et la révolution, si l'esprit de l'Eglise, si l'idéal chrétien ne nous suggère pas un accord nouveau du capital et du travail. Or voici peut-être les conditions les plus générales et les plus essentielles de cette alliance.

On pourrait soutenir d'abord, en thèse générale, que le capital et le travail doivent se partager le produit, puisque l'un et l'autre en sont les facteurs. Naturellement, il conviendra, en principe, qu'ils se le partagent dans la mesure de leur apport. Si le capital est médiocre et le travail considérable, celui-ci cueillera les fruits en conséquence, et réciproquement (2). Il va sans dire ensuite que, dans tous

(1) Les socialistes ont fort bien remarqué que le capitalisme, effet naturel de l'individualisme et du libéralisme, creuse lui-même sa propre fosse : « Il suffirait d'un mouvement puissant pour faire tomber d'un seul coup cette féodalité financière, comme est tombée l'ancienne en 1789, et... ce jour-là, l'appropriation commune du capital pour toute la nation serait accomplie. » (Stiegler, *Conférence* de Genève.)

(2) On peut regarder l'ensemble des capitaux, si développés aujourd'hui, comme équivalant et partant comme créant des droits égaux à l'ensemble des travaux qui les rendent fructueux. D'où il suivrait que l'ensemble des rentes, des dividendes et autres fruits, déduction faite d'un juste salaire, devrait être égalé par l'ensemble des salaires proprement dits. Maintenant est-il vrai que ce partage ramènerait l'ensemble des salaires bien au-dessous de ce qu'ils sont aujourd'hui ? De graves raisons nous persuadent le contraire, quoi qu'en disent plusieurs économistes. En tout cas, une erreur de statistique sur ce point ne compromet en rien les principes essentiels et la solution pratique qui sont exposés ici.

les cas, un juste salaire (tout au moins le salaire minimum, celui qui permet de vivre humainement et au-dessous duquel le travailleur retomberait de quelque manière dans l'esclavage, désormais aboli par notre droit positif) doit être prélevé sur les fruits, avant la rente du capital (1). Si une mine, par exemple, commence à s'épuiser ou devient d'une exploitation plus difficile, c'est au capital surtout à en supporter les conséquences. D'ailleurs, dans ce cas, il est évident que c'est le capital qui perd de sa valeur et diminue son apport. Par contre, si une entreprise réussit au point de rapporter le dix, le vingt, le cent pour cent du capital engagé (et ces succès ne sont pas si rares), c'est le capital qui sera le plus avantagé. Le salaire est donc le droit le plus modeste, mais c'est un droit sacré. Tout ceci revient à dire qu'*il convient en règle générale* de partager équitablement, entre le capital et le travail, les bénéfices *nets*, de manière que le capital soit avantagé plus ou moins selon les risques particuliers qu'il a pu courir. C'est là, au fond, le régime de la *participation aux bénéfices* et du *travail associé;* il est bien supérieur de sa nature au simple salariat, et on le pratique déjà avec le plus grand succès.

Mais cet ordre de considérations, quelque juste qu'il nous paraisse, nous entraînerait trop loin et pourrait prêter à des chicanes de détail. Nous chercherons donc plus haut encore la loi de l'accord du capital et du travail, ou plutôt de ceux qui en disposent. Elle comprend deux parties :

(1) Ce salaire minimum, l'ouvrier n'a pas le droit d'y renoncer et l'employeur ne peut se prévaloir de son consentement : *c'est la doctrine* profondément humaine et chrétienne enseignée par l'Encyclique. « Il est une loi de justice naturelle plus élevée et plus ancienne (que le consentement des parties), à savoir que le salaire ne doit pas être insuffisant à faire subsister l'ouvrier sobre et honnête. » On voit dès lors quelles sont les limites morales de la loi de l'offre et de la demande. Ainsi se trouve confirmée l'opinion de M. l'abbé Pottier, professeur de théologie morale à Liège : « Pour l'ouvrier prolétaire fournissant à des genres d'industries qui réalisent du bénéfice net tout le travail qu'on peut raisonnablement en attendre, la justice exige un prix de son travail équivalent au moins à tout ce qu'il lui faut pour vivre. » (Congrès de Liège.)

Premièrement, les propriétaires et les capitalistes sont tenus, par une loi morale et sociale, de fournir eux-mêmes, selon leurs aptitudes et leurs forces, une somme raisonnable de travail : aucune situation de fortune, aucun privilège de naissance ne peut en dispenser. Il est écrit, en effet : Tu mangeras ton pain à la sueur de ton front. — *In sudore vultus tui vesceris pane.* Il faudrait donc que tous ceux qui abusent de leur fortune pour mener une vie oisive et dissipée tombassent dans un mépris public qui les fît rentrer en eux-mêmes et rougir de leur luxe, de leur mollesse et de leur lâcheté. Ils doivent le travail à Dieu d'abord et ensuite à eux-mêmes. Le travail seul peut en faire des hommes dignes d'honneur. Il n'y a que l'âge ou les infirmités qui puissent les dispenser. Plus leur fortune est grande, plus leurs domaines sont vastes et leurs capitaux puissants, plus ils sont tenus à se rendre utiles, à user sagement de leurs biens, à ne pas encourager des arts futiles, un luxe démoralisateur. Il n'y a que ce moyen de faire bénir leur opulence de Dieu et des hommes. Inutile d'insister ici sur les autres devoirs des riches (1). Le seul qui nous intéresse maintenant, celui dont l'accomplissement prépare d'abord la réconciliation des classes, c'est le travail. Soyons sûrs que lorsque le métayer ou le fermier verra son propriétaire, actif et instruit, veiller sur ses domaines, l'initier aux méthodes plus parfaites de culture ; lorsque l'ouvrier verra son patron mettre autant de conscience que de prévoyance dans la direction de son industrie, l'estime et même la sympathie monteront et l'alliance des uns avec les autres sera à moitié faite.

Il faut dire en second lieu — mais, ceci, hélas ! va paraître d'abord une dérision—; il faut dire néanmoins que le travailleur a l'obligation, dont les patrons et l'Etat doivent lui faciliter l'accomplissement, de devenir propriétaire dans une certaine mesure ; il doit épargner pour acquérir un pe-

(1) Voir par exemple *les Devoirs des actionnaires* (Congrès de Liège, 2ᵉ partie, 1ʳᵉ section).

tit patrimoine (1). Il s'agit ici, bien entendu, du travailleur qui est père de famille ou appelé à le devenir. En voici les raisons :

Une certaine propriété, celle d'un foyer, d'un patrimoine très modeste ou d'un capital équivalent et assuré, est nécessaire de quelque manière à l'homme pour garder sa dignité morale, son indépendance essentielle, pour n'être pas tout à fait à la merci des caprices du sort et, ce qui est pis encore, des caprices d'autrui. La propriété est la garantie de la liberté. La misère peut tremper les grands caractères ; la pauvreté évangélique peut faire des saints et attirer des âmes d'élite — et ici je réserve hautement ses droits et je m'incline avec une affectueuse admiration ; — mais une loi sociale c'est que l'extrême pauvreté, pour l'individu et surtout pour la famille, est mauvaise conseillère ; c'est qu'un homme qui mendie son pain est exposé à plus d'une bassesse ; c'est que la dégradation des mœurs s'acharne après les longues indigences. Ni la misère ni la très grande fortune ne sont faciles à porter. Or, et c'est là une loi sociale autant qu'une règle de prudence, il faut rendre au grand nombre la vertu attrayante et facile ; il faut inviter le peuple, par ses intérêts les plus chers et la satisfaction de ses meilleurs sentiments, à être honnête, laborieux, vraiment libre et moral. C'est pourquoi il faut guérir la société du paupérisme et prévenir autant que possible l'extrême pauvreté. Une société comme la nôtre, où les richesses débordent et où l'on voit des milliers d'individus et de familles manquer du strict nécessaire, se presser dans les asiles publics, aux bureaux de bienfaisance et de charité, est une société où l'alliance du capital et du travail n'est pas faite ni en voie de se faire.

Il faut excepter les campagnes où la grande majorité des familles ont un foyer et une parcelle de terre. Et c'est là, soit dit en passant, ce qui explique qu'il n'y ait pas de jacquerie à craindre, malgré la crise agricole et les charges

(1) Voir *la Propriété dans la famille*, par le R. P. de Pascal (*Association catholique*, janv. 1891).

énormes et disproportionnées qui pèsent sur l'agriculture ; tant qu'il en sera ainsi, le cinquième état, celui des paysans, ne fera point la révolution qu'on nous annonce. (1) Il en va tout autrement du quatrième état, celui des ouvriers : c'est que l'ouvrier généralement n'a pas de foyer, n'est pas propriétaire ; de là bien des revendications, souvent injustes, alors cependant que son salaire est très supérieur, même relativement, à celui du paysan.

En définitive, combien nous sommes loin, surtout dans les villes, de l'accomplissement du précepte de Moïse : « Qu'il n'y en ait point parmi vous de tout à fait indigent (2). » Comment l'accomplirons-nous ce précepte ? — Evidemment et tout d'abord en facilitant la formation de petits patrimoines inaliénables et transmissibles de père en fils, ce que l'on a appelé des *homestead*. Les économistes chrétiens tombent d'accord sur ce point. Il faut donc protéger l'épargne, non celle de l'avare qui s'accumule toujours pour écraser davantage encore le travailleur, mais la *petite épargne*, celle qui en se fixant dans la famille devient le patrimoine, au lieu de la laisser à la merci des pirates de la finance, qui la dévorent ou la déciment périodiquement par des coups de bourse et des cracs financiers.

Le législateur hébreu, en divisant entre les familles le sol conquis, avait attribué à chacune un lot dont elle ne pouvait être dépossédée que pour un temps ; à l'année jubilaire, chaque famille rentrait dans ses droits primitifs. Pourquoi notre législation chrétienne serait-elle moins favorable au peuple, moins soucieuse de la conservation et de l'honneur des familles ? Il est vrai que la terre n'est plus aujourd'hui le seul fonds productif et important au point de vue social ; il y a nombre de familles groupées dans les

---

(1) Malheureusement la petite propriété foncière a tant d'ennemis, à commencer par la loi et le fisc, qu'elle aurait succombé depuis long temps, n'était l'esprit d'économie et la ténacité du paysan français (Cf. Guérin, l'*Evolution sociale*).

(2) Les premiers chrétiens le pratiquèrent du premier coup ce précepte admirable, au témoignage des *Actes* (iv, 34), texte cité par l'Encyclique.

villes et sans attache à aucun point du sol. Mais pourquoi
la loi ne leur réserverait-elle pas un droit de préemption,
et même à un taux de faveur, sur les fonds publics, ou du
moins garantis par l'Etat, jusqu'à l'équivalence du patrimoine rural assuré aux familles agricoles ?

Ce qui est indispensable, c'est de protéger la petite propriété, d'en faciliter la constitution et de la fixer dans la
famille. Il serait peut-être bon à cette fin d'exonérer de tout
impôt un minimum de patrimoine. On se récriera peut-
être. — Mais n'est-il pas vrai que l'impôt doit porter sur le
superflu plutôt que sur le nécessaire des contribuables ? Et
quelle injustice y aurait-il à ce que cinq ou six millions
d'hectares en France, sur une cinquantaine de millions, et
cinq ou six milliards de capitaux sur des centaines peut-
être (1), fussent exonérés d'impôts et de droits de succes-

(1) Ce n'est pas trop dire, si l'on songe au total de la *fortune française*
en grande partie mobilisée par le jeu des actions, des obligations,
des papiers de crédit. M. de Foville, dont M. Jannet emprunte les
chiffres, évalue à 80 milliards la valeur de la terre ; à 40 milliards
la propriété bâtie. Acceptons le premier chiffre, qui accorde une
valeur moyenne de 1600 francs à l'hectare ; mais le second est beaucoup trop faible. Paris, à lui seul (terrain bâti), vaut une quinzaine
de milliards. Plusieurs kilomètres *carrés*, au centre de Paris, valent
de 1.000 à 5.000 fr. le mètre carré. Une ville comme Lyon vaut, à
elle seule, plus d'un milliard. On approche plus de la vérité en éva-
luant à 100 milliards la propriété bâtie en France, sans compter les
édifices publics. Qu'on ajoute à ces 180 milliards la dette de l'Etat
et des villes, environ 40 milliards. Sans doute, c'est une dette ; mais
c'est une valeur pour les créanciers, et, de fait, elle est hypothéquée
sur tous les biens de France, qui vaudraient 40 milliards de plus, si
la dette n'existait pas. Ajoutons maintenant les biens mobiliers des
particuliers (meubles, argenterie, *instruments de travail*, biblio-
thèques, etc.); en supposant que cette valeur mobilière soit cinq fois
plus forte que le prix de location, nous atteignons au moins 20 milliards. Ajoutons, pour une somme peut-être égale, les marchandises et
les biens mobiliers de toute sorte qui remplissent les magasins, les dé-
pôts et les ateliers; ajoutons les chemins de fer, actions et obligations,
pour une somme de 20 à 30 milliards ; le numéraire et les lingots
d'or de la banque. Laissant maintenant *les sociétés de crédit*, ajoutons cette partie considérable de l'actif des sociétés industrielles de
toute sorte qui n'a pas encore été évaluée : mines, gaz et eaux de
toutes les villes, tramways, etc., etc. Certaines compagnies, comme
les compagnies d'assurances, distribuent parfois de forts dividendes
et leurs actions représentent encore de véritables sources de re-

sion dans la famille? — Mais, dira-t-on, que deviendrait l'équilibre du budget? — On répond qu'il serait facile de dégrever le budget de dépenses énormes, injustes et impopulaires. Dira-t-on que l'égalité devant l'impôt serait violée? L'égalité morale, à coup sûr, serait mieux sauvegardée, et c'est la seule importante. S'il est vrai qu'une famille donne plus à la société, toutes choses égales d'ailleurs, que des individus isolés, et qu'elle seule lui assure la perpétuité et des défenseurs, pourquoi la famille ne tirerait-elle pas, de ces services hors ligne, quelque compensation ou même quelque privilège? Si ce n'est point là de la justice commutative, c'est au moins de la justice légale, et celle-ci ne se confond pas avec la charité, bien qu'elle soit inspirée par la charité. Pourquoi, dirons-nous encore, frapper d'impôts les objets de première nécessité? Le pauvre en consomme-t-il moins que le riche? Ils lui coûtent déjà bien davantage. En vérité nos lois, au lieu d'être in-

venus. Certaines revues et certains journaux (*Figaro, Revue des Deux Mondes*) valent des millions. Nous supposons, il est vrai, que les Français possèdent tout ce qui est en France, et ce n'est pas exact; les Anglais, par exemple, possèdent peut-être un dixième de nos chemins de fer. Mais les Français possèdent beaucoup plus à l'étranger qu'on ne possède chez eux; différence en leur faveur : 15 à 20 milliards. Elle explique que nos importations dépassent énormément nos exportations sans appauvrir le pays. Remarquons encore que nous n'avons pas fait figurer ici l'Algérie et les autres colonies. Bref, des économistes avouent que la fortune française s'élève *actuellement* (il est évident qu'une guerre malheureuse la ferait baisser de moitié) à 6 ou 7.000 fr. par tête d'habitant, et l'on peut, semble-t-il, hausser ce chiffre jusqu'à 10.000 ; ce qui donnerait une moyenne de 5o.000 fr. peut-être et de 3o ou 35.000 fr. au moins par famille de cinq membres. Il est vrai qu'une partie énorme de ces capitaux et la plus mobile (peut-être 80 milliards) est détenue par un petit nombre de financiers, alors que les biens de 150.000 religieux français, convoités par le fisc, n'atteignent pas un milliard. Mais il s'agit précisément de savoir s'il ne faut pas remédier à cet état de choses, à ce *capitalisme*, autrement que par des exhortations philosophiques et des considérations sur la prétendue fatalité des lois économiques. En tout cas, nous sommes bien fondé à demander qu'une cinquantaine de milliards (terre et valeurs industrielles sûres) soient immobilisés peu à peu et sagement, dans les 6 ou 7 millions de familles de paysans et d'ouvriers qui portent sur leurs épaules la France d'aujourd'hui et dont les fils seuls la porteront demain.

spirées par l'esprit chrétien, semblent parfois dirigées contre les droits les plus sacrés de la religion, de la famille, des pauvres et des orphelins.

Je ne parlerai pas ici des impôts odieux, confiscation hypocrite, qu'on cherche à lever sur nos hospices libres, sur nos congrégations enseignantes, sur toutes les institutions les plus chères à l'Eglise : des voix éloquentes les ont stigmatisés et je ne pourrais qu'en affaiblir l'écho.

Mais il faut dénoncer une autre iniquité d'ordre purement civil et non moins abominable, qui souille la France depuis longtemps et crie vengeance au ciel contre elle. On l'a signalée souvent, mais jamais avec assez d'indignation ; jusqu'ici les remèdes apportés ne sont guère que des palliatifs. Il arrive donc que, tous les ans, des centaines et des milliers d'enfants mineurs perdent prématurément leur père, qui leur laisse pour tout patrimoine quelque parcelle de terre, un toit de chaume, quelques milliers de francs peut-être ou moins encore. Or, sous prétexte de protéger les droits des mineurs, ces modiques héritages sont liquidés, détruits, absorbés totalement ou en grande partie par des frais de justice, disons plutôt des frais d'injustice, et l'on arrache ainsi aux orphelins un morceau de pain qui a peut-être coûté la vie à leur père et qui est encore trempé de ses larmes. En vérité, il n'y a rien de plus inique, de plus froidement cruel dans l'histoire. Dans les temps de barbarie, lorsqu'un navire était jeté à la côte, la cargaison était pillée par les naturels : eh bien ! il y a pire que cet usage, qui subsiste encore dans certains pays sauvages. Et voilà comment la loi française favorise la formation, la conservation et la transmission des petits patrimoines ; voilà comment elle protège l'épargne du pauvre et la petite propriété !

Non, en vérité, tant que ces abus abominables subsisteront, tant que les frais de justice seront tels, dans les petites causes, qu'ils équivaudront à des dénis de justice doublés d'hypocrisie, la société ne méritera pas d'avoir la paix et la stabilité.

Il ressort de tout ceci que, même par ce temps de prétendue liberté, de prétendue fraternité et de prétendue démocratie, le peuple est odieusement exploité, il n'est pas aimé.

Je me trompe, l'Eglise l'aime, et avec passion, comme une mère, malgré ses égarements. Avec l'Eglise, il faut comprendre tous les patrons et tous les riches vraiment chrétiens. Eux aussi aiment le peuple, et parfois jusqu'à la folie du sacrifice; ils pratiquent leurs devoirs d'état et coopèrent ainsi, chacun selon ses moyens, malgré les crises que nous traversons et les tracasseries d'un pouvoir hostile, à l'alliance du capital et du travail. Les moyens particuliers à employer à cette fin varient selon les milieux et les circonstances, et cen'est pas le lieu de les étudier (1). Des économistes chrétiens, dans des revues et des ouvrages dignes d'éloge et d'encouragement, signalent les tentatives et les combinaisons les mieux justifiées par le succès. Une des meilleures et qui cadre bien avec les idées émises tout à l'heure, est celle qui consiste à intéresser les travailleurs dans l'entreprise à laquelle ils sont attachés, en leur facilitant l'acquisition d'une certaine partie du capital. On cite telles ou telles usines où la paix règne toujours, malgré les troubles du dehors, où le travail est joyeux et n'est jamais suspendu par des grèves ou des chômages, où le patron et les ouvriers s'estiment et s'aiment mutuellement; or dans ces usines trop rares hélas! une partie notable du capital engagé, un tiers par exemple, est possédé par les ouvriers. Il n'est pas possible, semble-t-il, de mieux allier le capital et le travail, comme aussi les divers ordres de travaux, la tête qui commande et les membres qui exécutent.

N'est-ce pas là, en raccourci, l'image d'une société où la grande majorité de toutes les familles auraient acquis quelque patrimoine (2), représentant le morceau de pain

(1) Nous ne pouvons pas même énumérer ici tous les moyens secondaires que l'on a employés avec plus ou moins de succès pour empêcher ou soulager la misère, sans parler de l'aumône, qui sera toujours indispensable : caisses d'épargne, assurances de toutes sorte, sociétés de secours mutuels, sociétés coopératives, patronage et par-dessus tout la corporation.

(2) Il vaut mieux, en principe, constituer des patrimoines que des

indispensable à leur conservation, et où, d'autre part, l'activité, les talents pourraient conquérir une situation de plus en plus élevée, proportionnée au mérite et aux services rendus à la communauté? Il se constituerait ainsi une sorte d'aristocratie, qui ne serait pas enviée, qui n'humilierait personne et serait ouverte à tous.

Ce qu'il faut éviter par-dessus tout et ce à quoi nous poussent cependant tous les économistes plus ou moins libéraux, c'est la constitution de deux classes, dans la société, dont les intérêts seraient contradictoires : d'un côté les capitalistes et les propriétaires; de l'autre côté les salariés, les mercenaires, les prolétaires. Telle fut à certains égards la société carthaginoise, et elle a sombré. Au contraire, Rome, du moins aux jours de sa gloire, fut soutenue par toutes ses classes. Lorsqu'Annibal campait à ses portes, on ne vit pas les plébéiens entreprendre une guerre civile, comme nous l'avons vu, hélas! aux jours de nos épreuves sanglantes. Pour conjurer ces malheurs, il faut que le divorce cesse entre le capital et le travail. L'idéal d'une société chrétienne, ce serait que nul homme valide ne s'exemptât de la loi du travail, et que toute famille, sans être jamais privée de son foyer et du strict nécessaire, fût toujours sollicitée par le désir d'un bien-être légitime et d'un mieux toujours croissant.

pensions viagères, dans l'administration publique et dans l'industrie privée. Ainsi pensait M. Alfred de Courcy (*Réforme sociale*, 1er avril, p. 544). Ainsi ont fait déjà nombre de patrons bien connus pour avoir résolu autour d'eux, autant du moins qu'ils pouvaient l'espérer, la question sociale : les Harmel, les Mame, les Schneider, les Laroche-Joubert, les Boucicaut. Chez Mame, « à quarante ans, un typographe peut posséder, du fait de la seule participation au chiffre des affaires, un capital de 5,000 frencs avec lequel il se fera construire une petite maison et il entrera dans ses meubles » (*Nouv. Revue*, 1er avril). — Déjà en 1881, des disciples de Le Play écrivaient ces paroles : « Il ne suffit pas à l'ouvrier ou à l'employé d'être à l'abri des chômages, il faut encore qu'il puisse s'élever par l'épargne à la possession d'un patrimoine, afin de parer aux éventualités de la vie. Or, attendre qu'il réussisse, par la seule accumulation de l'épargne libre et personnelle, à se constituer un petit patrimoine, ce serait reculer indéfiniment la réforme... Mais, ce qu'il ne peut faire seul, il l'accomplira facilement avec le secours de son patron. » (*Programme de gouvernement et d'organisation sociale* 1881.)

Alors s'accomplirait le précepte de Moïse qu'il faudrait toujours avoir devant les yeux. Alors se réaliserait, au moral, cette autre parole de l'Ecriture : « Chacun se reposera sous sa vigne et sous son figuier » (Mich., IV, 4), de même que ce désir d'Henri IV qui voulait que tous les paysans « eussent une poule au pot tous les dimanches ».

Je viens de nommer un roi et je m'aperçois que, en essayant d'esquisser l'idéal de la société chrétienne, je n'ai point parlé des formes du gouvernement : monarchie et république. Mais il n'y a point là d'omission, car l'idéal chrétien est au-dessus. Un vrai catholique, sans être sceptique en politique et malgré ses traditions de famille ou ses préférences personnelles, se résignera toujours loyalement et sans arrière-pensée à être le sujet d'un saint Louis ou le concitoyen d'un Garcia Moreno.

II

Sommaire. — La méthode expérimentale. — Le Play et son école : devoir de ses disciples. — Démonstration expérimentale de la valeur sociale du Décalogue. — Développer encore la méthode expérimentale. — Se garder de l'empirisme.

Adaptations successives que comporte la vie sociale. — Quelques changements accomplis depuis un demi-siècle. — Le progrès social ne se confond point avec le prog. intellectuel.

Le chrétien est un hom   même temps que de tradition. — Généreuses inten   se. — Union des catholiques.

Après les développements précédents, il est facile d'être bref. Il ne suffit pas, disions-nous en commençant, de s'éclairer de l'idéal chrétien, il faut encore connaître à fond les faits sociaux. Il faut donc les étudier sous toutes les faces et avec toutes les circonstances où ils se produisent. Il faut pénétrer toutes les couches sociales, s'asseoir au foyer de l'ouvrier, de l'artisan, du paysan, du mineur, dresser avec eux leur budget, calculer minutieusement leur salaire et leurs dépenses, comprendre à quelles conditions ces hommes peuvent vivre, nourrir leur famille, épargner pour la vieil-

lesse ou la maladie, satisfaire à toutes les obligations de la
loi morale, trouver enfin la stabilité et goûter la paix domestique. Et il ne suffit pas de dresser ces monographies ;
il faut, en outre, étudier les entreprises et les industries
particulières, les analyser avec patience, afin de saisir le
secret de leur prospérité ou de leur décadence. Il faut encore
visiter les Etats pour étudier partout et comparer les conditions de la paix et de la prospérité sociale.

Ici, nous devons rendre témoignage aux services émi-
nents rendus à la science sociale par Le Play, l'auteur des
Ouvriers européens, le fondateur d'une école déjà si nom-
breuse et si féconde. Il reste à ses disciples de ne pas se diviser, mais de montrer toujours à leurs amis et à leurs ennemis qu'ils sont vraiment une école de respect, d'union et de
paix ; il leur reste de bien interpréter la pensée du Maître,
d'entendre et d'appliquer sa méthode, sans jamais la faus-
ser, de poursuivre son œuvre et de la perfectionner chaque
jour, de la corriger même, s'il est nécessaire, à la lumière
des enseignements de l'Eglise. Sans doute, leur école, malgré ses mérites, ne peut prétendre absorber dans son sein
tous les économistes catholiques (1). Mais, du moins, elle
pourra compter parmi les meilleures qui rendent hommage
à l'esprit de l'Evangile ; et d'ailleurs l'on ne voit pas qu'il
puisse se fonder aucune doctrine sociale bienfaisante en
dehors de la méthode historique et expérimentale, que cette
école a si justement accréditée. C'est, au fond, la méthode

---

(1) M. Gide ne devrait donc pas confondre l'école catholique et
l'école de Le Play. Il ne serait pas plus permis de confondre la
doctrine de cette dernière avec celle de M. Claudio Jannet. M. Gide
lui-même et d'autres économistes de diverses écoles enseignent nombre de vérités particulières qui appartiennent à l'Eglise, bien qu'elles
soient méconnues de quelques économistes catholiques : elles font
partie des idées chrétiennes et le monde en vit, alors même qu'il en
méconnaît la principale source. Telle est l'idée de *solidarité,* qui est
si chrétienne ; telle est encore l'idée de *corporation* ou de *régime
corporatif,* qui fait le fond des réformes sociales proposées par l'Ecole
des Cercles catholiques. Hier encore cette idée était suspecte à quelques économistes catholiques ; mais l'Encyclique vient de dissiper
les équivoques et de la justifier de la manière la plus éclatante.

traditionnelle, qui a été toujours chère à l'Eglise et aux meilleurs philosophes chrétiens.

Que de services cette méthode, qui consiste dans l'emploi judicieux de l'histoire et de l'observation, n'a-t-elle pas déjà rendus ? Elle justifie admirablement l'idéal chrétien. Ce sont, en effet — et Le Play l'a montré peut-être mieux que personne avant lui — ce sont les Etats, les familles et les individus qui respectent le mieux le Décalogue, qui sont aussi les mieux assurés du lendemain et les plus heureux. Là, au contraire, où le Décalogue est oublié, la division des classes, les troubles, la décadence, le déshonneur et la misère ne tardent pas à suivre comme un châtiment. Les principes absolus de l'idéal chrétien, tous fondés, comme nous l'avons vu, sur le Décalogue, s'accordent donc parfaitement avec la méthode expérimentale.

Mais celle-ci n'est pas la méthode empirique, c'est-à-dire une méthode sans principes absolus et sans métaphysique. Nos sociologues positivistes se prévalent eux aussi de l'expérience et nous avons vu si leurs théories sociales coïncident avec les nôtres : c'est qu'il y a entre eux et nous toute la distance que mettent la métaphysique spiritualiste et l'idéal chrétien.

La méthode expérimentale, mais sans exagération, est donc la nôtre. Nous demandons même que l'étude des faits sociaux soit poussée beaucoup plus avant, et qu'après avoir dressé par exemple et par centaines les budgets des ouvriers, des paysans, des mineurs, on dresse aussi le budget de quelques-uns des heureux et des oisifs de ce monde, de quelque financier véreux, de quelque viveur sans scrupules, afin qu'on voie clairement combien ils sont à charge à la fortune et à la moralité publiques. Il serait bon de dresser aussi le budget de quelques patrons chrétiens, de quelques capitalistes intelligents et charitables. On verrait à quel point ils sont les soutiens de l'Eglise et l'Etat, la providence des bonnes œuvres et le sel qui empêche la société de se corrompre. Ce budget nous livrerait le secret de notre vitalité, malgré nos discordes civiles et notre tiédeur religieuse. Il donnerait peut-être l'intelligence du bien et in-

spirerait de meilleures résolutions à ceux qui n'usent de leur
fortune que pour corrompre la société; du moins il encou-
ragerait les timides, les pusillanimes, et achèverait de confondre les méchants, qu'il convaincrait de folie ou d'égoïsme
et de mensonge.

On peut demander encore à quelques partisans de la méthode expérimentale, de ne jamais la discréditer en parais-
sant nous proposer certains modèles, le peuple chinois par
exemple, dont la stabilité est faite d'inertie et de vices autant que de vertus, comme aussi de ne louer qu'avec réserve la prospérité sociale de l'Angleterre ; car nous ne
pouvons oublier la malheureuse Irlande et l'oppression
toujours odieuse dans laquelle elle se débat. Un régime de
propriété compatible avec les évictions que l'on sait et qui
permet à un landlord de forcer une petite ville entière à
l'émigration, n'est pas un régime parfait.

Il faudrait enfin que quelques disciples de Le Play ne paraissent pas rattacher les destinées des peuples à des causes
tout extérieures et matérielles : les herbes des hauts pla-
teaux de l'Asie ne suffisent pas à expliquer les invasions
des Mongols, des Perses, des Tartares, pas plus que la pêche
du saumon ne nous livre tout le secret de la destinée pro-
videntielle des peuples du Nord et en particulier des Nor-
mands.

Qu'on nous pardonne ces observations. Mais il faut absolument que la méthode expérimentale ne tourne pas à l'empirisme (1); il faut respecter toujours les droits de l'âme,

(1) Une erreur capitale de l'empirisme ou du traditionnalisme
social est celle-ci : il prétend que les lois naissent toujours et *exclu-
sivement* des coutumes et des mœurs, comme s'il ne manquait aux
bonnes lois, pour exister, qu'une promulgation. Mais on oublie que
la loi, tout en s'adaptant à l'état présent des sujets pour lesquels elle
est faite, doit les porter plus haut vers l'idéal ou tout au moins les
empêcher de déchoir. Il est très vrai que les mœurs et les coutumes
fondent les meilleures lois, et il y a longtemps déjà que de Maistre a
fait justice des *constitutions de papier* ; mais il n'est pas moins vrai
peut-être que les bonnes lois, à leur tour, font les bonnes mœurs :
« On ne doit pas oublier la force moralisatrice qu'ont les lois, remar-
que très bien M. de Cepeda, et combien elles contribuent à *former*
l'esprit d'un peuple par le respect moral qu'engendre toujours la

de la pensée, de la liberté et de l'idéal. Qu'on se le persuade bien, le peuple français pourra se prêter aux empiriques, mais il ne se donnera jamais : il lui faut l'idéal, il en vit plus que tout autre, et c'est là sa gloire (1). De là aussi ses malheurs, quand l'idéal poursuivi est chimérique et menteur. Mais que ses amis et ses sauveurs fassent resplendir sur sa tête l'idéal vrai, l'idéal chrétien, et il retrouvera soudain son bon sens héréditaire et ses vertus antiques.

C'est vers cet idéal que la société doit graviter sans cesse. La société vit et dès lors elle change nécessairement, du moins ici-bas. C'est dire qu'elle est soumise à des adaptation successives; il n'est pas possible de les décliner. Les découvertes de la science, qui ont aussitôt leur contre-coup dans le monde de l'industrie et du commerce, modifient à vue d'œil toutes les conditions sociales. Qu'on se rappelle seulement ce qu'était la France, avec l'Europe, il y a cinquante ans. Nous n'avions pas un réseau de 30 mille kilomètres de chemins de fer. Voilà, donc, de ce chef, une population énorme, qu'il a fallu grouper et organiser pour cette exploitation, au détriment d'industries antérieures (batelage, roulage, messageries) qui ont dû se modifier ou même disparaître. En outre, les chemins de fer, en traversant telle ou telle contrée, tels quartiers de ville ou telles bourgades, et en amenant un surcroît de population sur certains points, ont décuplé ou même accru sans mesure la valeur de certains terrains. Et puis l'exploitation des che-

loi. » L'histoire elle-même, dont l'empirisme et le traditionnalisme abusent, les condamne. On ne voit pas que les anciens législateurs (Moïse, Lycurgue, Solon...), se soient bornés à consacrer par leurs lois les mœurs et les coutumes formées spontanément; et, sans parler des *capitulaires* de nos anciens rois, on peut *croire* que les vieilles coutumes qui entrent dans les premières assises de notre droit national se rattachent elles-mêmes à quelque législation plus ancienne, consacrée par la sagesse et la puissante initiative de législateurs oubliés.

(1) Un chef des socialistes belges disait naguère à l'un des nôtres, M. Louis Durand : « Les catholiques ont *un idéal*, et c'est pourquoi nous avons des sympathies pour eux; nous sommes prêts à leur faire *des concessions et même des avances.*» (*Corresp.*, 25 avril.) Ces paroles ne sont pas moins vraies en France qu'en Belgique.

mins de fer exige celle des mines de charbon et un dévelop-
pement énorme de l'industrie métallurgique. Des popula-
tions ouvrières se sont donc réunies comme par enchantement
autour des usines et dans les bassins houillers. Par le seul
fait de l'emploi de la vapeur, l'industrie et le commerce ont
été transformés. Cette invention et quelques autres ont
renouvelé la navigation et l'art militaire tout entier. On
entrevoit aussitôt quels changements profonds ont dû suivre nécessairement dans les professions, dans les classes
sociales, dans les fortunes privées et dans la fortune publique. C'est ainsi que les capitaux ont été prodigieusement
multipliés et mobilisés.

Or, il est évident qu'au fur et à mesure de ces changements la société devait s'adapter à ses nouvelles conditions
d'existence. A cette œuvre d'adaptation devaient coopérer
les individus et les familles, les compagnies, les patrons,
stimulés par leurs propres intérêts, et surtout le pouvoir
public. Car le pouvoir public doit présider de quelque
manière à l'évolution sociale; il doit ménager les transitions
et prévenir les chocs qui briseraient les faibles et même
les forts. Il suffit quelquefois de la découverte d'une machine,
d'un métier, comme il suffit d'une nouvelle taxe sur telles
marchandises importées, pour ruiner une population. Or
c'est au pouvoir public d'abord qu'il appartient de protéger efficacement tous les intérêts, surtout ceux du grand
nombre et des petits; à lui donc de mesurer le mouvement,
de ne pas retarder un véritable progrès, sans brusquer
pourtant une adaptation nouvelle.

A-t-il réussi depuis cinquante ans? Ce n'est pas le lieu
de l'examiner longuement. Mais plusieurs pensent que
l'adaptation est par trop imparfaite, et que nous sommes,
sous ce rapport, au-dessous de certaines sociétés ancien-
nes. Avant la réforme, par exemple, au dire de l'historien
Janssen, l'Allemagne était remarquablement adaptée au
point de vue du bien-être général. Comment se fait-il aujourd'hui que, malgré les richesses accumulées par la perfection de l'outillage, il y ait plus de malheureux qu'autre-
fois et moins de personnes assurées du lendemain? Com-

ment se fait-il que beaucoup de créatures humaines, au sein de nos grandes villes et même dans les campagnes, soient descendues au-dessous des hommes de la steppe ou du désert? Et qu'importe que nous soyons arrivés à un état scientifique, industriel, commercial supérieur, si le niveau moral a baissé?

Et voilà une des raisons, soit dit en passant, pour lesquelles il ne faut pas confondre le progrès intellectuel d'un siècle avec le progrès social. Le premier est fatal à bien des égards; il ne devient incontestablement libre que par un minimum de moralité qu'il suppose. Mais le progrès social, qui est un progrès moral en définitive, est essentiellement libre. C'est pourquoi nous assistons si souvent dans l'histoire à de vraies décadences.

Or, il est évident que le devoir des sociétés s'accorde avec la loi de tous les êtres vivants: il consiste d'abord à s'adapter au milieu qui leur est fait, aux conditions physiques de leur existence, et ensuite à progresser toujours vers l'idéal, cet idéal qui n'est jamais atteint pleinement quoique toujours cherché, dont nous parlions tout à l'heure.

Nous devons donc être des hommes de progrès. Le vrai chrétien, le disciple de Celui qui a dit: « Soyez parfaits, comme votre Père céleste est parfait », et qui a mis sur nos lèvres cette grande parole: *Adveniat regnum tuum*, sera toujours un homme de progrès.

Mais précisément parce qu'il est un homme de progrès, le chrétien est aussi un homme de tradition; car l'avenir ne peut s'appuyer que sur le présent et sur le passé, sur ce qui existe et sur ce que nos pères ont pratiqué. Il faut donc respecter les exemples passés en usages et en coutumes; il faut s'inspirer de l'histoire nationale et de ses gloires légitimes; il faut que les échecs de notre patrie nous instruisent, que ses malheurs trempent nos caractères et que ses victoires glorieuses nous rendent magnanimes. Notre histoire nationale élèvera, en l'éclairant, notre patriotisme; elle nous fera connaître la mission de la France, c'est-à-dire son idéal, et ainsi le passé nous pressera encore sur le chemin du progrès et de l'avenir. On l'a dit avec raison, la France est composée de 3o millions d'hommes vivants et d'un milliard d'hommes morts, et nous ne devrions jamais oublier que nos pères nous contemplent. Alors nous serions invincibles devant l'ennemi, s'il ose nous attaquer, et nous pratiquerions mieux au dedans la paix sociale.

Homme de tradition et de respect, autant qu'homme de progrès et d'initiative, le chrétien doit donc répudier les révolutions proprement dites; elles brisent avec le passé, au lieu de le continuer en l'améliorant. Il est comme l'Eglise, sa mère, qui, survenue au milieu d'un monde païen et corrompu, entreprit sans révolte et sans révolution, mais pacifiquement et avec une force irrésistible, la réforme sociale. Elle est parvenue plus d'une fois, dans les siècles suivants, à élever les princes, les peuples et les Etats sur les hauteurs morales les mieux éclairées de l'idéal; et il ne tient pas à elle que la marche en avant des sociétés ne soit jamais suspendue. Toujours elle veut que les lois s'améliorent, que l'ignorant soit mieux instruit, que le faible soit mieux protégé, que le peuple soit mieux aimé, que le pouvoir civil soit mieux obéi et mieux gardé contre ses propres excès.

Pourquoi faut-il que ses intentions généreuses soient si souvent trompées par la haine de ses ennemis et la discorde de ses enfants? Nos adversaires nous donnent cependant un grand exemple; ils sont unis, du moins pour détruire; soyons unis, nous, pour édifier. Ils sont unis pour imposer des lois de plus en plus mauvaises, mais dont chacune paraît toujours supportable, et nous sommes ainsi privés graduellement de toutes nos libertés. Eh bien ! nous aussi, ayons un plan de gouvernement et de réformes sociales, un *programme* non pas seulement de défense, mais *d'action*, assez large et populaire pour être compris et approuvé de toute âme honnête, assez pratique pour s'adapter aux circonstances actuelles, un programme meilleur sans doute que nous ne sommes, mais proportionné cependant à notre faiblesse. Avec ce programme nous reprendrons la marche en avant, pour Dieu et pour la France, et le peuple nous suivra.

CONCLUSION

Plus qu'un mot avant de finir. Il nous est suggéré par une récente étude de M. le vicomte de Meaux sur les écoles des Etats-Unis, où la question sociale préoccupe et agite tous les esprits aussi bien que dans notre vieux continent. L'auteur terminait ses considérations en émettant l'espoir que l'Université catholique de Washington résoudrait la question sociale au profit des deux mondes. Eh bien ! ne laissons pas cette gloire à la jeune Eglise d'Amérique : elle a su déjà et elle saura encore en mériter d'autres. Mieux que l'Amérique, la vieille Europe est un terrain préparé pour faire germer et fructifier toutes les idées de justice et de charité, de liberté et d'autorité, de devoir et de droit social. Et dans la vieille Europe, ne nous laissons pas devancer par les catholiques d'Angleterre et d'Irlande, d'Autriche, d'Allemagne et des autres Etats. Mais que nos facultés catholiques, ayant les facultés de théologie à leur tête, loin de se montrer pusillanimes, loin de rester en arrière et de s'attarder dans des discussions stériles, cherchent avec ardeur et trouvent ensemble le mot de l'énigme : ce sera le salut. Elles ne pourront mieux témoigner leur reconnaissance aux catholiques généreux qui les ont fondées, qui ont mis en elles de hautes espérances et qui leur demandent la lumière, toujours la lumière.

C'est là une œuvre incomparable de religion et de patriotisme. Le premier des peuples, au siècle prochain, ne sera pas celui qui aura la meilleure poudre, le plus de vaisseaux cuirassés et de canons, mais celui qui résoudra le mieux la question sociale, ce grand problème économique et moral.

Quel sera-t-il ce peuple? Dieu le sait et il voit nos désirs.

Mais ce que je sais bien, c'est que le salut viendra de l'Eglise. Ce que je sais bien encore, c'est que l'Eglise enseignante, le clergé, le prêtre sera le principal instrument de ce salut. Nul mieux que le prêtre n'a médité l'idéal chrétien ; nul mieux que lui ne connaît le peuple, pour s'associer intimement à sa vie, à ses besoins et à ses peines ; nul n'a pénétré plus avant dans les âmes et dans toutes les couches de la société.

Je jette donc un cri d'appel et d'espérance vers l'Eglise, vers le Prêtre, vers le Pontife suprême, premier organe de la vérité chrétienne ; je jette un cri d'appel et d'espérance vers la science sacrée, la théologie, qui préside à toutes les connaissances humaines ; je jette un cri d'appel enfin vers tous les catholiques généreux, qui cherchent avant tout le royaume de Dieu et sa justice : *Adveniat regnum tuum!*

APPENDICE

I

On nous permettra de tracer ici les principales lignes de ce programme, puisqu'il est la conclusion pratique de toutes les considérations religieuses et sociales où nous sommes entré. Tous ceux qui ont à cœur aujourd'hui les intérêts de l'Eglise et de la France, si des préjugés ne les aveuglent pas, reconnaissent, avec les évêques, que les catholiques français doivent s'unir étroitement, aux prochaines élections, afin de ne confier le pouvoir qu'à des hommes respectueux de toutes leurs libertés et de tous leurs droits essentiels. De là les *Unions catholiques*, qui se sont formées sur plusieurs points de la France ; de là aussi les revendications si justes inscrites déjà dans leur programme. Nous les reproduisons, en y ajoutant celles qui paraissent le mieux s'accorder avec les principes de justice sociale et l'ardent amour du peuple exprimés dans l'encyclique *De conditione opificum*.

Ce programme peut se résumer d'abord en trois points, qui le caractérisent :

1º Liberté des catholiques dans leurs écoles, dans leurs œuvres et dans leur culte.

2º Droit de former des associations libres, de toute nature, avec la faculté de posséder et de s'administrer : syndicats professionnels, corporations, etc. Le pouvoir n'a le droit d'interdire que les sociétés immorales et secrètes.

3º Exonération de tout impôt, soit annuel, soit de succession, en faveur du petit patrimoine familial. Réduction des frais de justice à cinq pour cent des valeurs en cause.

De ces trois points, le premier ne peut faire l'objet d'aucune réserve entre les catholiques. Il comprend la liberté d'enseignement à tous les degrés, la liberté d'enseigner le catéchisme dans les écoles de catholiques, la liberté de confier l'enseignement à des congréganistes, la liberté de garder les sœurs hospitalières dans nos hôpitaux. Et puisque la France est catholique et doit s'inspirer de la morale évangélique, il comprend encore le respect public du repos dominical et la liberté des processions et autres manifestations publiques du culte catholique.

Le deuxième point ne peut être contesté en principe, surtout après l'Encyclique *Sur la condition des ouvriers*, si favorable aux corporations, et qui établit avec tant de force le droit naturel de s'associer entre citoyens indépendamment de l'Etat. Celui-ci a, sans doute, un devoir de protection et de surveillance ; mais il appartiendra à un parlement chrétien de déterminer les limites de son intervention.

Le troisième point est très conforme aux principes de la justice en général et de la justice chrétienne en particulier. L'impôt doit porter sur le superflu plutôt que sur le nécessaire ; il est aussi odieux que peu raisonnable d'exiger une contribution de celui qui souvent aurait besoin d'assistance. D'ailleurs les familles, par cela seul qu'elles assurent la perpétuité à la société, ont quelque droit à une protection spéciale. Et puis, qu'on se rappelle les iniquités légales dont les enfants mineurs et les veuves ont été les victimes depuis si longtemps, et cette mesure pourra être regardée comme une réparation sociale. Quant à la réduction des frais de justice, elle s'impose au législateur avec non moins d'évidence. Une procédure trop onéreuse, surtout dans les petites causes, celles des paysans et des ouvriers, équivaut à un déni de justice doublé d'hypocrisie. Ici encore une grande réparation est due aux classes populaires, envers lesquelles tous les pouvoirs précédents ont gravement manqué à leurs devoirs. On les a scandalisées en même temps que spoliées ; on a émoussé en elles le sentiment du juste, naturellement si vif chez le peuple, et il est indispensable de le raviver et de défendre l'esprit public contre le scepticisme moral, cause unique et fatale de toutes les décadences.

A la suite de ces revendications essentielles, aussi faciles à comprendre qu'à justifier, il en est plusieurs autres dont la nécessité est inégalement sentie, mais qui sont néanmoins importantes. En voici peut-être sur lesquelles il conviendra ordinairement d'insister :

a) Décentralisation. — Tout en maintenant scrupuleusement

une forte centralisation politique, et en ne négligeant rien de ce qui contribue à rendre la France plus forte devant l'ennemi (armée, marine, organisation de la défense), il importe de décentraliser l'administration, et de rendre aux communes, aux départements, ou plutôt aux provinces, plus de liberté, d'initiative et de vie. Il faut que les citoyens français ne soient pas toujours tenus en tutelle, mais qu'ils apprennent à se gouverner eux-mêmes. Cette décentralisation permettra, en outre, de dégrever considérablement le budget.

b) Rapports de l'Eglise et de l'Etat. — Les corporations ayant le droit de posséder et s'administrant elles-mêmes, les paroisses, les diocèses, etc., auraient les mêmes libertés, sans parler des autres droits qu'implique la liberté du culte catholique. Les églises de France, sous la direction de leurs évêques et du souverain Pontife, pourraient donc reconstituer le patrimoine qui leur est nécessaire et renoncer même plus tard aux indemnités qui leur sont dues. Afin de s'unir mieux que jamais au pays et de se dévouer avec plus de fruit à tous ses intérêts, elles jouiraient de toutes les libertés que comporte le droit ecclésiastique.

c) Représentation professionnelle ou représentation des intérêts. — Sans jamais porter atteinte à la liberté et aux droits individuels que l'homme tient de la nature même, et tout en se constituant de la manière que comportent les temps actuels, les corporations professionnelles auraient une vie propre; elles jouiraient de leurs droits pour protéger leurs membres et concourir au bien public; leurs intérêts particuliers seraient représentés au Parlement.

d) Le service militaire et les familles nombreuses. — Sans affaiblir l'armée, il faut répartir plus équitablement l'impôt du sang. Et parce que cet impôt est dû par les familles plutôt que par les individus, toute famille qui aurait fourni un soldat à l'armée active devrait voir tous ses autres enfants dispensés de tout service dans cette armée (1). Si la force numérique de l'armée active en souffrait notablement, le temps de service actif serait prolongé proportionnellement.

D'ailleurs, il serait bon de rétablir le remplacement, mais en exigeant une indemnité *assez forte*; le remplacé ne ferait partie

____

(1) Ces idées commencent à se faire jour (cf. *Réforme sociale*, 1ᵉʳ juin, p. 851).

que de la réserve. Au moyen de cette indemnité, on provoquerait des engagements volontaires, pour six ou sept ans et même davantage, de cadets de famille, qui formeraient une armée d'élite, ne comptant que des soldats de profession. Cette armée remplacera l'armée active le jour où l'Europe sera guérie de la folie des armements. Le soldat accepté en remplacement, après avoir fourni son temps de service ou même avant — si on lui permettait, par exemple, de se marier après trois ans — jouirait du patrimoine familial (terres ou capitaux inaliénables et transmissibles de père en fils), qui serait le prix de son engagement. On exigerait de lui, pendant ses années de service, non seulement l'apprentissage de la vie militaire, mais encore un travail professionnel; il pourrait servir de préférence aux colonies (armée coloniale) où on lui faciliterait le moyen de s'établir et de faire souche à son tour. Un pareil élément de colonisation, qui a si bien réussi aux Romains, nous permettrait de mieux assurer l'avenir de plusieurs de nos colonies, dont le climat est assez en rapport avec le nôtre, et tout particulièrement de l'Algérie. Il est honteux qu'après soixante années de conquête, l'Algérie, qui est à nos portes, ne compte pas 300,000 Français, alors qu'elle devrait en compter 4 ou 5 millions. Une pareille colonisation vaudrait plus qu'une conquête et que cent victoires; elle nous rendrait invincibles en Afrique et sur la Méditerranée.

e) Autres mesures populaires et conformes à l'esprit chrétien. — Les droits d'octroi devraient être supprimés, du moins ceux qui frappent les objets de première nécessité. — Les petits logements devraient être exonérés de l'impôt dans toutes les villes, ainsi qu'ils le sont déjà à Paris. — Les accaparements en général et particulièrement ceux qui appauvrissent le peuple ou compromettent les industries les plus nécessaires (accaparements du sucre, du café, du blé, du pétrole, des laines, des métaux, etc.) devraient être punis sévèrement et frappés non seulement d'amende ou de prison mais de confiscation.

f). La bourse. — On devrait aussi poursuivre et frapper de la même manière l'agiotage toutes les fois qu'il s'y mêle incontestablement de la fraude et qu'il entraîne quelque ruine imméritée. Les jeux de bourse, tels qu'ils se pratiquent, sont un scandale et souvent un vol organisé; il n'est pas possible d'admettre, avec des économistes libéraux, fussent-ils catholiques, que ce mal, avec cette gravité, est nécessaire et qu'il est l'origine de plus grands biens. Ici *encore* il ne faut pas se retrancher derrière la prétendue fatalité des lois économiques, mais il est juste d'accuser l'impéritie ou la complicité de ceux qui devraient mieux réprimer de tels désordres dans la société.

g) Le budget. — Rétablir l'équilibre dans le budget, surtout par des économies et une bonne administration. La probité des administrateurs devrait être scrupuleuse ; les malversations devraient être punies avec une extrême sévérité. Il conviendrait que les députés fussent défrayés par leurs électeurs plutôt que par le trésor public. Ils ne devraient faire partie d'aucune société commerciale à laquelle ils n'auraient point participé avant leur élection. On travaillerait à la *réforme générale* et à la simplification de l'impôt. Les opérations de bourse pourraient être imposées. On pourrait encore se créer des ressources considérables en aliénant à perpétuité les chemins de fer. On imposerait aux compagnies toutes les conditions exigées par le patriotisme et une sage économie sociale. La possession des chemins de fer par l'Etat créerait, par la suite, un grand danger de socialisme.

Nous nous bornerons là. Au reste, on ne peut nous demander ici de développer ce programme qui touche à tant de questions, et qui ne consiste essentiellement que dans les trois premiers points. Tout notre rôle est de l'indiquer, en laissant à ceux qui devraient le répandre et le proposer au peuple, le soin d'en traiter librement chaque partie, conformément à leurs propres opinions comme aussi aux besoins et aux désirs particuliers des électeurs. La Chambre des représentants qui serait élue pour défendre ces principes saurait ensuite en discuter d'une manière définitive toutes les conséquences et les appliquer avec sagesse.

Mais ce qui importe surtout, c'est de préparer dès aujourd'hui, avec un zèle religieux et patriotique, l'avènement de cette Chambre réformatrice, chrétienne par l'esprit, populaire par l'amour du peuple et l'esprit incomparable de justice qui l'animeront. C'est un combat qu'il s'agit de livrer, ou plutôt de soutenir, et dont le salut de la France est le prix. Les catholiques ne se proposent point la défaite d'aucun parti honnête, mais le salut de tous par la religion et la justice. Ils arracheront le peuple aux meneurs qui l'exploitent, et ils préserveront même leurs ennemis des vengeances populaires et de la révolution qui les dévorerait fatalement. C'est donc sans haine que les catholiques combattront, mais avec une suprême énergie. Leur cause est digne de tous les sacrifices, sans en excepter la prison et le martyre. Car l'Eglise est attaquée dans toutes ses œuvres vives ; on n'en veut plus seulement à son honneur, mais à sa vie. Que ses enfants se lèvent donc pour la défendre ! Chrétiens, défendez votre mère !

Le premier rang et le beau rôle appartiendra à la jeunesse catholique. Qu'elle se forme donc dans chaque département ou chaque province en groupes distincts, mais animés du même esprit. Ceux qui par leur fortune jouissent d'une indépendance suffisante, et qui se sentent assez de conviction et de flamme, formeront le noyau militant destiné à faire fermenter toute la masse. A eux de se répandre dans les campagnes, dans les usines et les ateliers, de porter la parole dans les réunions d'ouvriers et de paysans, aussi bien que dans les cercles des villes. Ils y rendront populaires les admirables vérités sociales proclamées dans l'Encyclique. Il faut que le peuple connaisse, avec les iniquités légales dont il est victime, les moyens sûrs et pacifiques de les réprimer ; il faut lui expliquer chacun de ses devoirs et partant tous ses droits et toutes ses libertés légitimes ; il faut lui apprendre à s'organiser en syndicats, en associations, en corporations de toute sorte, et prendre vivement en mains tous ses intérêts, ceux de l'ordre temporel comme ceux de l'ordre moral (1). « Allez au peuple avec audace, disait naguère M. de Mun aux étudiants de Louvain, qui applaudissaient avec enthousiasme ; la jeunesse n'ose pas assez ; elle peut vaincre tous les obstacles, mais à condition de vouloir. » Puisse notre jeunesse française, aussi bien que celle de Belgique, entendre cet appel, et Dieu veuille susciter parmi nous quelques chefs expérimentés capables de la mener au combat !

(1) Il serait facile de dresser le programme d'une centaine de conférences populaires. Elles porteraient sur les divers points de la question sociale. Cet apostolat par la parole serait fortifié par celui d'une presse vraiment populaire et chrétienne, qui s'appliquerait moins à nourrir une curiosité souvent maladive et malsaine qu'à instruire le peuple de son état, de ses devoirs et de ses droits.

II

EXAMEN DE QUELQUES OPINIONS ÉCONOMIQUES

L'économie politique fait partie de la science sociale et, à ce titre, elle *a un caractère essentiellement moral.* Cette vérité capitale, avec quelques autres qui en découlent ou s'y rattachent, est trop perdue de vue, semble-t-il, par quelques économistes catholiques, pour que les théologiens et les philosophes scolastiques n'aient pas le devoir de la rappeler et de la défendre. L'auteur a essayé déjà de le faire dans la conférence précédente ; mais il est peut-être nécessaire d'y revenir et d'y insister.

1° *Les lois économiques sont-elles naturelles, à la manière, par exemple, des lois astronomiques* (1) ?

Et d'abord, que penser de cette opinion d'après laquelle les lois économiques seraient des lois naturelles, partant immuables, nécessaires, fatales, à la manière des lois que découvrent la physique, la chimie et l'astronomie ? — De prime abord, cette opinion paraît offrir quelque chose de plausible, et l'on comprend que tels auteurs s'y rangent, avant réflexion suffisante, pour échapper aux conclusions d'un idéalisme socialiste et révolutionnaire. Il n'appartient pas à l'homme, en effet, de bouleverser

(1) « Il y a des lois économiques *naturelles* qui sont le cadre providentiel dans lequel se meut l'activité des hommes pour la recherche des moyens de satisfaire leurs besoins... L'économie politique n'est pas l'art d'organiser la société, pas beaucoup plus que l'astronomie n'est le talent de faire tourner les planètes... *Son objet est de connaître des lois naturelles.* » (Texte ou emprunts de M. Claudio Jannet, *Réforme sociale* du 16 mars.) — « Les lois qui les régissent (les sociétés), sont inscrites dans les faits, *comme celles qui gouvernent la physique et la chimie :* il ne s'agit pas de les inventer par l'abstraction philosophique, mais de les dégager par l'observation méthodique. » (Communication de M. Delaire, *Réforme sociale,* 1 juin, p. 877.) — « Lorsqu'un bon curé polonais ou un pasteur saxon au cœur sensible aura subi l'influence de pareilles idées (d'une certaine revue catholique), très dominantes, comme on sait, dans les milieux chrétiens d'outre-Rhin, il sera beaucoup plus disposé à prêcher la révolte (?) que la résignation, la rétrogradation (?) que le progrès, ou tout au moins le découragement (?) quand il faudrait la confiance ou l'action. S'il agit, ce sera pour faire signer quelque pétition à l'empereur, demandant du travail, du secours ou quelque bonne *loi sociale contraire aux lois naturelles.* Puis il ira dans les congrès prêcher contre la société actuelle et déployer ses plans de réorganisation. » (Ib., 1er avril, p. 570, note.)

la nature, qui est sa première nourricière et qui lui fournit les premiers éléments de la richesse ; il ne lui appartient pas davantage de se refaire lui-même, en changeant ses facultés naturelles, ses besoins et sa destinée. Mais, si l'on y réfléchit un peu en s'éclairant des principes d'une saine philosophie, on s'aperçoit bien vite de l'erreur profonde et du péril caché dans cette formule d'apparence si innocente.

En effet, si les lois économiques sont des lois naturelles, il s'ensuit immédiatement que la science économique, qui prend ces lois pour objet, est une science naturelle. Donc, elle ne dépend pas plus de la religion et de la philosophie que les autres sciences de même ordre. Dès lors, on ne voit plus pourquoi le théologien et le philosophe interviendraient dans le monde économique et pourquoi, par exemple, le souverain Pontife publierait l'Encyclique *De conditione opificum* où sont traitées tant de questions économiques. Dès lors, encore, il n'y aurait pas plus d'économie politique chrétienne qu'il n'y a d'astronomie, de physique et de chimie chrétiennes. On voit aussitôt les conséquences de pareilles prétentions, que les libéraux, d'accord en cela avec les positivistes, chercheraient volontiers à accréditer.

Eh bien ! non, nous protestons au nom du bon sens, comme au nom de la philosophie et de la religion ; les liens de l'économie politique avec le droit naturel et la morale évangélique sont indissolubles et très étroits. Et il ne suffit pas ici que les économistes catholiques déclarent qu'ils respecteront la morale, si leurs conclusions venaient à entrer en désaccord avec les siennes. Nous pourrions peut-être nous contenter de cette déclaration de la part d'un médecin, d'un physiologiste, dont la science ne porte directement que sur la nature physique et sensible de l'homme ; mais cette déclaration ne suffit point de la part d'un économiste : il doit ajouter encore que l'économie politique, avec toutes les autres sciences sociales, est subordonnée à la morale et lui emprunte ses plus hauts principes. Soutenir le contraire, ce serait méconnaître gravement la nature de ces deux sciences et leurs rapports essentiels. Et n'est-il pas évident que le *travail*, ou la production de la richesse, l'*échange* et la *consommation*, ces objets particuliers de l'économie politique, sont essentiellement des actes humains et, comme tels, du domaine de la morale ? La *valeur* elle-même ou la richesse n'est qu'un bien *utile* et, à ce titre, subordonné à l'*honnête*. Enfin, l'idée de *répartition* des richesses est inséparable de l'idée de *justice*.

Après cela, que reste-t-il de l'économie politique ? Elle doit donc tout entière être sous l'empire de la morale et particulièrement de la morale sociale.

Au reste nous pouvons en appeler au témoignage de M. Jannet lui-même, qui, ailleurs et en maints endroits, a plutôt exagéré cette vérité qu'il ne l'a méconnue. Il admet, en effet, l' « identité des principes de la morale religieuse et de l'économie politique »; il déclare que « le Décalogue est la base de la science économique (1) »; il reconnaît que « l'économie politique est par essence une science morale (2) ». Sa réfutation de l'erreur opposée est péremptoire : « Imbus de l'esprit matérialiste de leur époque, dit-il, les premiers économistes avaient voulu complètement séparer la science sociale de la morale ; et malgré les efforts faits successivement par Bastiat, par MM. Baudrillart et Rondelet, le gros de l'école économique, dite libérale, est restée sur le terrain étroit où l'avaient placée ses fondateurs... » Mais, poursuit-il, « les forces productives de la richesse et les règles de son usage sont du domaine de la morale avant d'appartenir à celui de l'*économique* : l'*échange* lui-même est influencé par des principes de *justice*... Quoi qu'on fasse, il y aura toujours autant de systèmes d'économie politique qu'il y aura de conceptions de morale différentes (3). » Suit un bel hommage à Aristote : « Aristote qui, dans le traité de la *Politique*, a énoncé tous les principes fondamentaux de l'économique sous le nom de *chrématistique* et a indiqué une division, qui aurait, à tout prendre, valu celle adoptée de nos jours, Aristote, disons-nous, a fortement indiqué la liaison, la subordination réciproque des différents chapitres de la science sociale. » Pourquoi faut-il que M. Jannet oublie trop aujourd'hui les mérites du Stagirite et de ses meilleurs disciples, les scolastiques ? Pourquoi faut-il surtout qu'il paraisse revenir au vieux préjugé de l'école libérale touchant les *lois économiques naturelles*? La morale individuelle doit compter elle aussi avec la nature physique, avec les organes et les passions; mais elle n'en reste pas moins la morale, elle ne se confondra jamais, dans aucune de ses parties, avec la physiologie ou d'autres sciences dites naturelles.

2° L'économie politique et l'organisation de la société au point

____

(1) Rapport de 1878, au Congrès bibliogr., p. 110.
(2) Rapport de 1888, p. 219.
(3) Rapport de 1878, p. 106.

de vue de l'utile. — Si les lois économiques sont des lois naturelles, à peu près comme des lois astronomiques ; s'il n'est guère
mieux au pouvoir de l'homme de modifier le monde ou l'ordre
économique que de changer le cours des planètes, il va sans dire
que l'économie politique ne permettra point « d'organiser le
monde de l'utile, conformément à la justice et en vue du bien
commun ». Aussi M. Jannet s'élève très vivement contre cette
formule dont nous ne sommes pas l'auteur, mais qui a paru
dans l'appendice du *Traité de philosophie scolastique.* A ce
titre, et sans précisément la faire nôtre, il nous est permis de la
défendre. Il nous suffira d'un argument très clair; tous les
éléments en sont empruntés à l'Encyclique, et l'on chercherait
vainement à en atténuer la portée.

D'après le Saint-Père, en effet, « les gouvernants doivent faire
en sorte que, de l'organisation même et du gouvernement de la
société, découle spontanément et sans effort la prospérité tant
publique que privée. Telle est, en effet, l'office de la prudence
civile et le devoir propre de tous ceux qui gouvernent. » Or,
d'autre part, le Saint-Père a constaté, au début de l'Encyclique,
que l'organisation et le gouvernement de la société ne sont point
tels qu'il en découle la prospérité publique et privée : « Nous
sommes persuadé, dit-il, et tout le monde en convient, qu'il
faut, par des mesures promptes et efficaces, venir en aide aux
hommes des classes inférieures, attendu qu'ils sont pour la
plupart dans une situation d'infortune et de misère imméritée. »
Les gouvernants doivent donc, dans toute la mesure de leur
pouvoir, organiser la société et la gouverner de façon à remédier autant que possible à tous ces maux, dont souffrent particulièrement les classes populaires. Mais comment le feront-ils
si ce n'est en s'éclairant notamment de l'économie politique?
Celle-ci permet donc d'organiser le monde de l'utile, conformément à la justice et en vue du bien commun.

Comme on le voit, l'erreur que nous combattons vient de ce
faux principe, savoir que *les lois économiques sont naturelles*, à
peu près comme les lois astronomiques. Il est évident que l'astronome ne doit pas songer de sitôt à réformer le ciel. Mais
l'astronome étudie le ciel et non pas la terre, ni à plus forte
raison la société ; sa place est à l'observatoire et non pas dans une
chaire de faculté de droit, au pied de laquelle de jeunes audi-
teurs apprennent à user de leurs droits, à remplir leurs devoirs
et, s'il le fallait, à rendre la justice. Il serait vraiment étonnant

que l'économie politique eût si peu à intervenir dans les affaires
humaines, alors que le droit et la morale, représentés par l'autorité publique, interviennent si souvent! Nous maintenons donc
que l'autorité civile, qui doit rendre la justice à chacun, doit
faire en sorte, d'accord en cela avec toutes les autres autorités
sociales, que chacun puisse gagner honorablement son pain. Si
donc des crises économiques viennent à se produire, que nos
économistes ne se retranchent pas, pour justifier leur abstention,
derrière de prétendues lois naturelles.

D'ailleurs nous en appelons ici encore à M. Jannet lui-même
ou du moins à un groupe d'excellents disciples de Le Play, avec
lesquels il ne voudra pas rompre : nous voulons parler des auteurs du *Programme de gouvernement et d'organisation
sociale* (1). Par le seul titre, comme par tout le contenu de cet
ouvrage substantiel et *suggestif*, les vrais disciples de Le Play
reconnaissent que le pouvoir civil doit *organiser* la société,
d'accord avec les autres autorités sociales, et en respectant, bien
entendu, tous les éléments naturels, tous les droits antérieurs
aux siens ou qui en sont distincts.

3° *L'économie politique est-elle sans idéal?*

Mais il ne faut pas espérer une meilleure organisation de la
société, si l'on refuse de tendre vers le mieux et le parfait, et par
conséquent de s'éclairer de l'idéal. Toute science sociale, comme
la morale elle-même, vit de l'idéal. Comment donc un économiste catholique, hautement approuvé par M. Jannet, a-t-il pu
écrire : « L'idéal d'une justice à réaliser par une meilleure répartition des efforts et des richesses n'est pas même un flam-
beau qui suffise à nous éclairer » ? Il est triste de voir la méthode
rationnelle, déductive, philosophique ainsi méconnue par plusieurs des nôtres, alors surtout qu'elle est brillamment défen-
due par quelques-uns de nos adversaires. Voici, par exemple,
la profession de foi de M. Gide devant la société d'Economie
sociale de Genève : « Je suis tout disposé à reconnaître les services que la méthode historique a rendus à la science et j'accorde
que l'histoire sera toujours la mine inépuisable d'où l'on devra
tirer ces matériaux bruts de la science que nous appelons des
faits. Mais pour mettre en œuvre ces matières premières, pour

(1) *Programme de gouvernement et d'organisation sociale* d'après l'observation comparée des divers peuples, par un groupe d'économistes, avec une
lettre-préface de Le Play, 1881.

pouvoir ordonner et comprendre ces faits, la méthode déductive, abstraite sera toujours de mise... Pour savoir ce qu'on cherche, il faut bien avoir une idée préconçue ou *a priori*, ce quelque chose qui n'est pas dans les faits et qu'on n'y aurait jamais aperçu si on ne l'avait déjà dans la tête. » La philosophie de M. Gide est certainement incomplète, mais du moins il a une philosophie. Le malheur est que plusieurs des nôtres paraissent rompre avec la philosophie, qu'ils relèguent dans le domaine de l'imagination. Nous pourrions citer tel aveu d'un économiste bien connu. Hâtons-nous de dire que la plupart des rédacteurs habituels de la *Réforme sociale* professent une véritable et une noble philosophie, témoin par exemple ce mot de M. Cheysson : « Tout code repose sur un principe, sur une conception idéale, sur une philosophie » (1er juin, p. 859). Voilà en une ligne tous les droits de l'idéal et de la métaphysique parfaitement reconnus.

4° *Le but du travail dans la société.*

Une autre formule qui a été vivement reprochée à l'auteur de l'Appendice du *Traité de philosophie scolastique* est celle-ci : « Le but du travail consiste... immédiatement dans la prospérité matérielle de la société conduisant à la prospérité des individus. » Seulement les critiques omettent de dire que le travail est considéré ici dans son rapport social. Il ne pouvait venir à la pensée de l'auteur de contester que le but de l'ouvrier (*finis operantis*) est le salaire qui lui sera dû personnellement ; mais il peut maintenir avec raison qu'au point de vue social le travail est la cause d'une prospérité générale qui profite ensuite à chaque membre de la société. C'est d'ailleurs l'enseignement très clair de l'Encyclique. Le Saint-Père se place successivement aux deux points de vue que nous venons de distinguer : « Le but immédiat visé par le travailleur, c'est de conquérir un bien qu'il possédera en propre. » Mais il ajoute plus bas : « Tous les citoyens sans exception doivent apporter leur part à la masse des biens communs, lesquels du reste, par un retour naturel, se répartissent de nouveau entre les individus. » Cette communication de biens dans la société, que saint Paul compare à un corps vivant ; cette solidarité de tous les membres entre eux, semble échapper à plusieurs de nos économistes ; ils ne paraissent pas avoir une idée juste de la société, aveuglés qu'ils sont par une sorte de libéralisme inconscient. Mais les deux textes rapprochés ici tranchent maintenant tout le débat.

Il nous serait facile de justifier également quelques autres formules ou opinions qu'on nous a reprochées hâtivement ; mais cette défense serait inutile après la publication de l'Encyclique. Le mieux sera donc de clore là cette courte discussion. Nous ne l'aurions pas soutenue, si nous n'avions été provoqué d'une manière aussi vive qu'inopinée, et si notre conscience nous avait permis de laisser méconnaître par des économistes catholiques d'indispensables vérités. Saint Paul s'adressait, sans doute, au théologien, quand il écrivait : *Argue... in omni patientia et doctrina.*

Lyon. — Imprimerie E. Vitte, rue Condé, 3o.

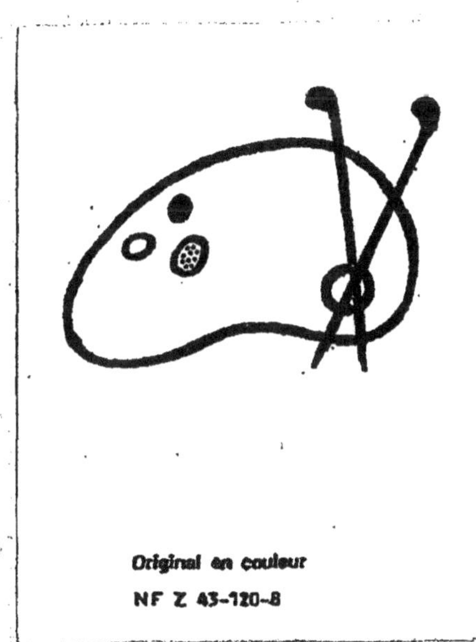

Original en couleur

NF Z 43-120-8